مفاتيح الجينات

المسار الذهبي

العبقرية في جيناتك

ترجمة: بندر الثقيل

العبقرية

إرشادات تسلسل التنشيط

المحتويات

ريتشارد رود مرشد وأديب وشاعر عالمي حائز على عدة جوائز. بدأت رحلته الصوفية في وقت مبكر من حياته عندما مر بتجربة تنويرية من التحول الروحي على مدار 3 أيام وليالٍ في العشرينات من عمره، والذي كان السبب وراء بحثه ليشمل جميع التعاليم الروحية حول العالم. تم جمع دراساته في عام 2002 عندما بدأ في استقبال وكتابة وحي مفاتيح الجينات – عبارة عن توليفة واسعة لاكتشاف الاحتمالات المعجزة الكامنة في الحمض النووي البشري. استغرق الأمر سبع سنوات لكتابة الكتاب وكذلك فهم وتجسيد تعاليمه. يواصل ريتشارد اليوم دراسة وتعليم الدروس العميقة الواردة في مفاتيح الجينات.

مقدمة

أنت على وشك أن تبدأ رحلة جميلة في معرفة الغرض من حياتك. يود الجميع معرفة سبب قدومهم إلى هنا. هذا السؤال قديم قِدم التلال. ولكن، كما سترى، فإن الغرض من حياتك لا يتعلق كثيرًا بما أنت هنا لتفعله بقدر ما يتعلق بكيفية القيام بذلك. ما أنت هنا لتفعله له أهمية ثانوية. هدفنا الأساسي هو العيش بشكل جيد، والعيش بشغف، والتعلم من أخطائنا والتوسع باستمرار إلى ما وراء المعايير التي تحددها عقولنا أو عقول الآخرين.

إن الحياة التي نرتكب فيها الأخطاء ونتحمل المسؤولية الكاملة عنها، دون الوقوع في اللوم، هي بطريقة ما أكثر إثارة من حياة أخلاقية لا تشوبها شائبة. طبيعتنا البشرية هي أن ننمو. لذا فإن الغرض من حياتك ليس قاعدة ثابتة. بل مواءمة دائمة التغير مع جوهر إنسانيتك، وقدرتك على مسامحة نفسك والآخرين والحفاظ على نيران حماسك مشتعلة باستمرار.

آمل أن تنال البصيرة والهبات في حياتك أثناء رحلتك لهذه الحكمة. لقد كتبت هذا الكتاب حتى أتمكن من أن أكون معك بشكل ما أثناء التنقل بين مفاتيح الجينات وألغاز ملفك الهولوجيني.

تم تصميم الكتاب ليتوافق مع الجزء الأول من برنامج المسار الذهبي عبر الإنترنت. لذلك أشجعك بشدة على استخدامه جنبًا إلى جنب مع البرنامج الالكتروني، والذي يتكون أيضًا من صوتيات ومقاطع فيديو

وإرشادات عملية على شكل خطوة بخطوة. يكمن الجمال الحقيقي للمسار الذهبي في أنه ليس معقداً، ولكن يُمكنك من تنظيم نفسك وأنت تسافر في هذه الرحلة التأملية الرائعة في مفاتيح الجينات.

أخيرًا، أود أن أتمنى لك حظًا سعيدًا وأنت تستكشف هذه المادة. يكمن جوهر مفاتيح الجينات في تحويل معاناة ماضينا إلى مستقبل يحمل الهبات، ويعتبر ذلك التحدي الأكبر الذي يواجهنا كعرق بشري. أشكر لك شجاعتك لاتخاذ هذه الخطوة الرائدة، ولعلها تكافئك بعدد لا يحصى من المفاجئات الرائعة وغير المتوقعة.

ريتشارد رود

1-مقدمة

عمل الحياة
الإشراق
التطور
الغرض
مسار التحدي
مسار النفاذ
مسار الاستقرار الأساسي

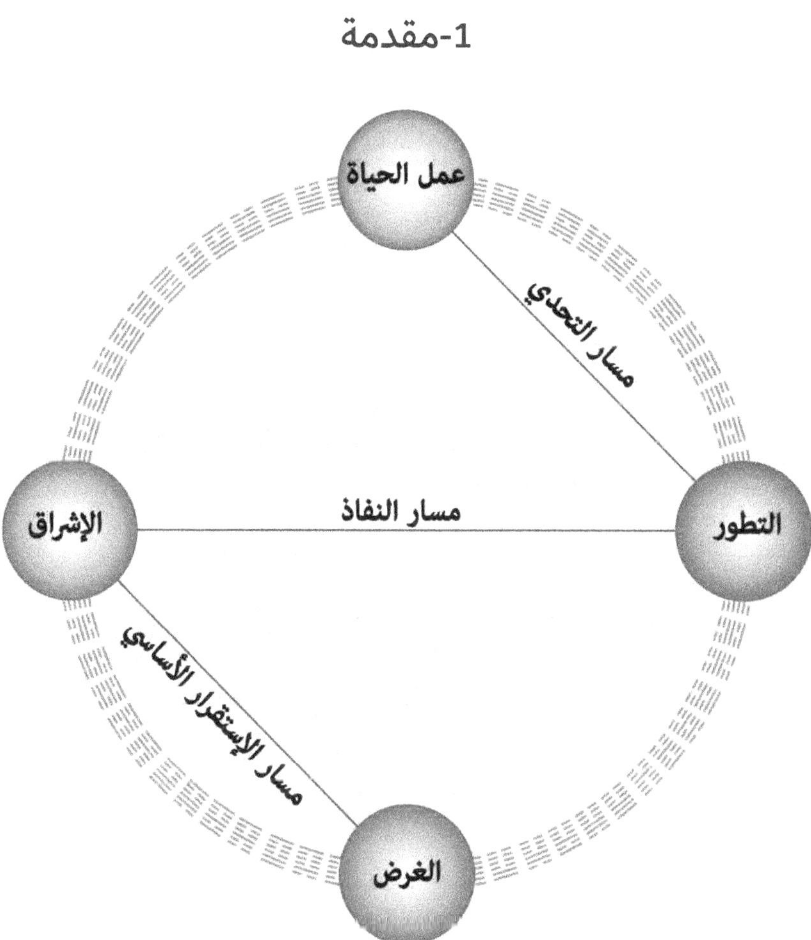

الـ "أي تشينغ I Ching" المعاصر

عين النار

في أعماق قوس كيانك توجد عين. لقد ولدت هذه العين عندما ولدت، وسوف تموت عندما تموت. هذه هي عين النار. عندما ترى العالم من خلال هذه العين، فإنك ترى عالمًا من المغامرة والإثارة والعاطفة. عندما ترى من خلال عين النار، يكون كل شيء نابضًا بالحياة ومتغيرًا ومليئًا بالإمكانيات - الهواء المحيط بك يتصاعد مع كهرباء شوقك. من خلال عين النار، أنت تعيش في مشهد الأحلام الذي لا يمكن التنبؤ به والمتغير باستمرار - لحظة واحدة تتجول فيها خالية من الهموم عبر الوديان الخضراء المريحة، وفي اليوم التالي تتأرجح بشكل ميؤوس منه عبر صحاري الرغبة الجافة.

إنها عين النار بداخلك التي قادتك إلى هنا. إنه الباحث بداخلك، المستفسر، المؤمن، العليم. تقودك عين النار إلى رقصة عبر الحياة وأنت تقفز من تجربة إلى أخرى. تسحبك عبر القارات وتحملك على عتبة كل علاقة لك في الحياة.

لا تتوقف عين النار أبدًا عن الحلم بما كان يومًا ما، أو بما قد يصبح يومًا ما. عندما تنظر إلى الحياة من خلال عين النار، فإنك تتساءل عن الغرض من حياتك. قد تشعر أنه يمكنك أن تفعل المزيد. أنت تعلم أن لديك الكثير لتقدمه، ولكنك لا تعرف الى الآن كيف تقدمه. تشعر بشوق لا يهدأ لإنجاز شيء ما لتحقيق أسمى اقدارك.

عين النار تحلم بأحلام كبيرة. بصفتها المحركات التي تقود كل هبات البشر، تعرف عين النار أن أي شيء في الحياة ممكن. لقد أنجزت بالفعل الكثير في عالمنا. إنها عين النار التي تبني الحضارات العظيمة وتضع الرجال على القمر.

إنها عين النار التي تقود تطورنا البشري. أولئك الذين تكشفت حياتهم من خلال عين النار أصبحوا أبطالنا وبطلاتنا العظماء - رجال الدولة العظماء والمحاربين والمستكشفين والمخترعين والعباقرة الذين ظلت حياتهم مكرسة إلى الأبد في تاريخنا.

نظرًا لكونها طاقة الشباب الأبدي بداخلك - فإن عين النار ديناميكية رائعة وجائعة دائمًا ومليئة بالأمل المستمر. ولكن على الرغم من كل حيويتها الخصبة وقوتها الخام، إلا أن عين النار بها عيب. إنها هاجس ذاتي.

لا تستطيع عين النار أن ترى ما وراء حاجتها الخاصة للشبع. مثل جرو بريء يطارد ذيله، لا يعرف كيف يستريح. مهما كانت إنجازاتها عظيمة في العالم؛ فإن عين النار ليست قادرة على إيجاد السلام الداخلي.

عين الماء

في أعماق قوس كيانك توجد عين أخرى. هذه العين كانت موجودة قبل ولادتك وستبقى بعد موتك. هذه هي عين الماء. عندما ترى العالم من خلال هذه العين، ترى فقط ما هو أمامك. عندما ترى من خلال عين الماء، فإن وعيك الأساسي يرتكز على أنفاسك وجسمك وإيقاعاته اللطيفة، ومع

حركة الحياة من حولك. عندما ترى من خلال عين الماء، ترى كل الحياة معك، وتأتي الحياة كلها نحوك. من خلال عدسة عين الماء، لا يزال كل شيء هادئًا، وكل شيء لا يسبر غوره.

ربما كانت عين الماء هي التي قادتك إلى هنا. إذا كنت هنا لأنك لا تعرف، فقد تكون هناك مفاجأة لطيفة لك.

لا تهتم عين الماء بالإنجاز أو المعرفة أو الأحلام. ليس لها مصلحة في أي غرض أو إنجاز أو تغيير. لا تهتم عين الماء بالتجربة البشرية. نادراً هو الإنسان الذي يستطيع أن يسلم حياته إلى عين الماء. إنها أدق ما يكون. إنها الوجود الأكثر رقة، والأكثر تناقضًا، والأكثر غموضًا بداخلك. عين الماء هي قوة بدون قوة، بدون عاطفة، بدون دفء. إذا سمحت لعدسة عين الماء بالتفتح داخل كيانك، فستبدأ في مشاهدة حياتك والعالم من الداخل بطريقة جديدة تمامًا.

في العالم الخارجي، لم تبن عين الماء شيئًا. لا يوجد شيء مثير للإعجاب في ذلك. تمر دون أن يلاحظها أحد. أولئك الذين تكشفت حياتهم من خلال عين الماء قد تم إساءة فهمهم وتحريفهم بشكل عام. لم يكتشفوا ذلك عن قصد لأنه لا يمكن ملاحقتها أو مطاردتها أو البحث عنها.

من بين كل الألغاز الموجودة في الكون، عين الماء وحدها تجلب السلام الداخلي. ولكن على الرغم من جاذبيتها وعجبها، فلن يؤدي أي شيء تفعله في الحياة إلى فتحها. تستجيب عين الماء لشيء واحد فقط لا غير. لأولئك الذين ينتجون.

مفاتيح الجينات والمسار الذهبي

وضع النار تحت الماء

إذا كنت قد انجذبت إلى مفاتيح الجينات، فقد تعلم أنها تستند إلى الشيفرة الصينية القديمة لل أي تشينغ I Ching - كتاب التغيرات. يستمر هذا الكتاب الغامض للغاية في الدوران حول العالم في العديد من الأشكال المتنوعة، حيث الاستخدام الأكثر شيوعًا له بمثابة أوراكل Oracle - أداة لإعطاء توجيهات دقيقة في أي حالة حياتية معينة. في جوهرها، تم تصميم أي تشينغ I Ching لتلائمك مع حس الحكمة الداخلية الرقيقة - عين الماء بداخلك.

كان لدى الصينيين القدماء كلماتهم الخاصة عن عين النار وعين الماء. أطلقوا عليهما اسم هسين Hsin و يي Yi على التوالي. عند استخدام ال أي تشينغ الصحيح فإنه يصبح بمرور الوقت مسار روحي في حد ذاته.

سوف يرشدك إلى الحكمة الفطرية والبديهية بداخلك - "يي" (عين الماء) فوق رغباتك وأمانيك البشرية - "هسين" (عين النار). لسوء الحظ، تم تطوير نمط حياتنا العالمي الحديث بقوة حول عين النار، حتى أن ال أي تشينغ أصبح الآن في الغالب لعبة أخرى لهذا الشوق المضطرب بداخلنا. لم نعد ندرك مستوى الالتزام الذي يتطلبه ال أي تشينغ من طلابه. مثل معظم النصوص المقدسة والسحرية، فقد تم الآن نقله بعيدًا عن سياقه الأصلي، وتكمن أسراره الحقيقية في الغالب ضائعة عن أيدي البشر المعاصرين.

هنا يأتي الدور الذي تلعب فيه مفاتيح الجينات. فهي تعديل معاصر لـ أي تشينغ من خلال المسار الذهبي الذي يوفر وسيلة منظمة ومنضبطة للتأمل في التعاليم نفسها. يسمح لك المسار الذهبي بأخذ مفاتيح الجينات بعمق في حياتك اليومية. إنها مصممة ليتم التأمل فيها على مدار فترة زمنية حتى تتمكن من استيعاب رؤاها وتجربة قوتها التحويلية.

ميزة هذا النموذج هو أنك لست مضطرًا للتغيير كثيرًا من الخارج في حياتك. أنت تضبط التعاليم على إيقاعاتك اليومية، وليس العكس. مع تعمق تأملك بمرور الوقت، تبدأ الحكمة الحية بداخلك في الاستيقاظ عند مستوى جديد، مما يؤدي إلى تغييرات غير متوقعة وفتح آفاق جديدة أمامك. يشار إلى هذه العملية باسم الاستنارة الذاتية.

عندما تتأمل في المسار الذهبي الخاص بك سيكون ذلك بمثابة تذكير للتسليم للحياة. سوف يحثك باستمرار على الاستماع إلى الحكمة الدقيقة لـ عين الماء في الداخل، وسوف يساعدك على تحويل العديد من التحديات التي تأتي من خلال الاستماع إلى عين النار فقط - عواطفك ورغباتك. تتمثل إمكانات المسار الذهبي في تذكيرك بالسر الخيميائي - وضع النار تحت الماء.

هذه عملية تدريجية للوصول إلى التوازن، حيث تظهر العديد من الهبات المخفية بداخلك. في نهاية المطاف، يعد المسار الذهبي رحلة داخلية غنية في أغوار الذات الغامضة. لأنها لغز، لا توجد طريقة للتنبؤ بما قد يحدث في

حياتك نتيجة اتباع هذا المسار. الطريقة الوحيدة لمعرفة ذلك هي التقدم بشجاعة، والثقة في النور الداخلي الكامن بداخلك.

مفاتيح الجينات والمسار الذهبي

يوفر القسم التالي معلومات أساسية مهمة ستحتاج إليها قبل أن تبدأ العمل مع التسلسلات الثلاثة التي تشكل المسار الذهبي لـ مفاتيح الجينات. يبدأ بتقديم الأدوات والمصطلحات الخاصة لتتأملها ويوضح لك كيفية استخدامها. كما أنه يساعد في توضيح التقنية المركزية للتأمل بالإضافة إلى تقديم منظور روحي شامل حول أفضل طريقة للتعامل مع مفاتيح الجينات نفسها.

عندما تصل لـ مفاتيح الجينات لأول مرة، ستكتشف أن هناك العديد من العناصر والعمليات المختلفة التي تدعم هذه المعرفة. سوف نستكشف هذه الأمور في الجزء الثاني من هذه المقدمة، ولكن الآن يمكن أن ينقسم كل ذلك إلى ثلاثة عناصر أساسية:

1. مفاتيح الجينات - خريطتك
2. الملف الهولوجيني – البوصلة الخاصة بك
3. المسار الذهبي – رحلتك

لبدء هذه الرحلة، ستحتاج نسخة من كتاب مفاتيح الجينات بالإضافة إلى نسخة من الملف الهولوجيني الخاص بك.

الملف الهولوجيني الخاص بك

الملف الهولوجيني الخاص بك هو خريطة مخصصة للملامح الداخلية الفريدة لوعيك. يصف **المسار الذهبي** طريقًا تحوليًا من خلال هذه الخريطة. هذا هو طريقك الخاص من خلال لغز **مفاتيح الجينات**، وبينما تتبعه، قد يحدث العديد من التغيرات في حياتك. يمكنك بسهولة الحصول على نسخة مجانية من **الملف الهولوجيني الخاص بك** من موقع **مفاتيح الجينات الالكتروني.**

مشتقاً من نظام يُعرف باسم التصميم البشري Human Design، **من خلاله يتم حساب** الملف الهولوجيني الخاص بك **من وقت وتاريخ ومكان ميلادك. إنه يحدد احداثيات محددة لـ الشمس والكواكب في لحظة ولادتك بالضبط ويضعهم داخل عجلة أو ماندالا Mandala تعرف باسم** عجلة أي تشينغ Ching Wheel I**. هي وسيلة قديمة لاستخدام الرموز السداسية الأربع وستين من أي** تشينغ **في دائرة بدلاً من شكلها التقليدي كشبكة.**

الملف الهولوجيني الخاص بك يترجم بصمتك الروحية (التي تشكلت لحظة ولادتك)، إلى سلسلة من الإحداثيات في استمرارية الزمكان. ثم يتم تعيين هذه الإحداثيات على 64 كودونًا مطابقًا لها داخل الحمض النووي الخاص بك. يمكننا بعد ذلك استخدام مفاتيح الجينات **لفك شفرة المعنى الأصلي لأرقام هذه الاحداثيات. قد يبدو الأمر معقدًا، إلا أنه في الواقع منطقي جدًا وبسيط جدًا. ومن المعلوم أن البعض يشكك في العلاقة بين مواقع الكواكب وتكوين الحمض النووي البشري. لكن، عندما**

تفهم أن الكون الذي نعيش فيه ذو طبيعة هولوغرامية، فسترى أن جميع الأنماط داخل الزمان والمكان مرتبطة من خلال مصفوفة واسعة الأبعاد.

لذلك فإن الأنماط في السماء لها دائمًا تطابق مباشر مع الحياة الناشئة على الأرض. لا يتعلق الأمر بتأثير أحدهما على الآخر، بل إن أحدهما متشابك حرفيًا مع الآخر على المستوى الكمي.

يساعدك الملف الهولوجيني الخاص بك على رؤية طبيعة القوى المؤثرة التي تدعمك في توجيه مصيرك وكتابة قدرك. إنه "هولوجيني" لأن كل شيء داخله مرتبط بكل شيء آخر، تمامًا كما يعمل الحمض النووي داخل جسمك كحقل معلومات واحد موحد. عندما تبدأ في التفكير في مفاتيح الجينات المحددة في ملفك الهولوجيني، فإنك بذلك تقوم بتنشيط الأنماط المقابلة لها داخل جسمك المادي. هذا ما يجعل العمل مع الملف الهولوجيني الخاص بك قويًا للغاية.

عناصر الملف الهولوجيني الخاص بك

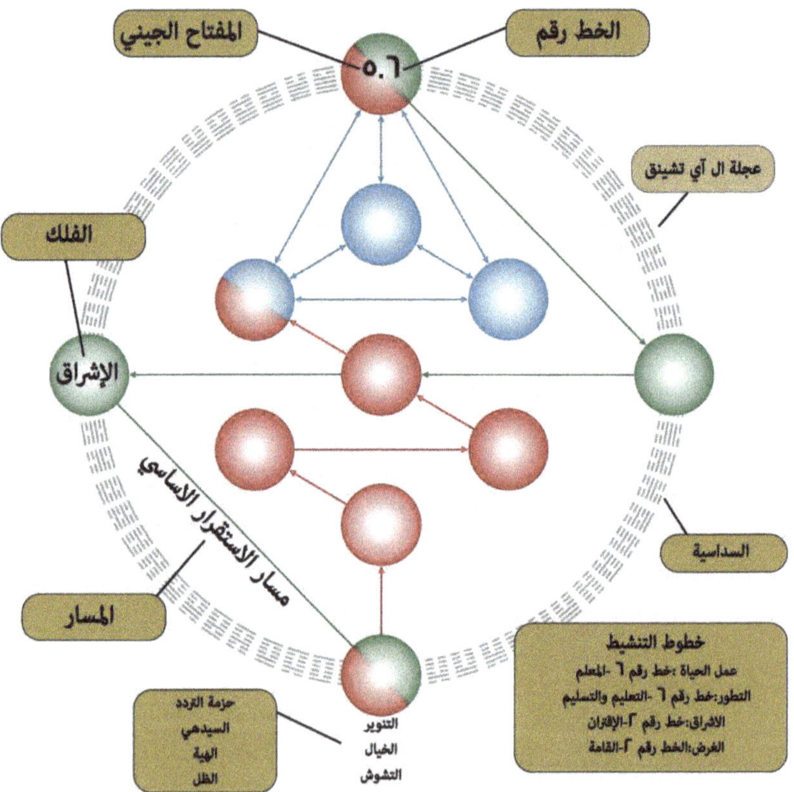

تقنية التأمل

المسار الذهبي وفن التأمل

إن التقنية المركزية التي تدعم موسوعة تعاليم مفاتيح الجينات هي التأمل. إنه مصطلح مهم يجب توضيحه لأنه يحمل معاني مختلفة في اللغات والثقافات. في مقدمة كتاب مفاتيح الجينات، تم تحديد المسارات الثلاثة الكلاسيكية للوصول للحقيقة. يطلق عليهم التفكر والتركيز والتأمل. نظرًا لأن التأمل هو مزيج من الاثنين الآخرين، فمن المهم فهم علاقتهما بالتحديد، وأنت هنا مدعو لتعليق أي فهم سابق لديك بشأن هذه الكلمات.

التفكر

عندما نشير هنا إلى التفكر، فإننا نشير إلى أكثر من مجرد تقنية. التفكر هو طريق أساسي يقود نحو الفهم الروحي المستنير. التفكر هو المسار الأنثوي العظيم أو مسار "يين yin" وهو معروف أيضًا في بعض الثقافات باسم مسار "اليد اليسرى". يرتبط التفكر بشكل أساسي بنهج "الدماغ الأيمن" للحياة، وهو نهج شامل وليس اختزالي. يتجسد التفكر جيدًا في التقليد البوذي من خلال كلمة "فيباسانا vipassana" والتي يمكن ترجمتها بمعنى رؤية عميقة. يعتمد هذا النوع من التفكر على النظر والانتظار والاستماع والشهادة والسماح. يرتبط هذا أيضًا بالروح القديمة لـ "التانترا"، والتي تستند إلى نظرة شاملة للكون.

من منظور *مفاتيح الجينات*، فإن التفكر هو المسار الذي تسير فيه ببساطة مع كل ما هو ناشئ في حياتك. أنت لا تقاوم طبيعتك بأي شكل من الأشكال. ويتضح هذا بشكل جميل من خلال تقليد أدفيتا فيدانتا Advaita Vedanta، حيث يُنظر إلى كل شيء على أنه مثالي كما هو.

حتى لو نسيت، فلا يزال ذلك مثالياً. إذا كنت غاضبًا أو غير صبور أو لئيم أو أي حالة سلبية أخرى، فهذا جزء من الكمال الناشئ للكلية *(الكلية هنا تعني الرحلة التطورية للوعي الجمعي البشري)*. ولاستخدام النهر كمجاز للحياة، فإنه في حال التفكر يكون وعيك جالساً بهدوء بجانب ذلك النهر.

أنت تجلس هناك فقط وتشاهد الحياة تمر ببطء وبمرور الوقت، بينما تشاهد الحياة بدون حكم (أو حتى مع إصدار حكم) يبدأ جوهراً داخلياً بإدراك نفسه في ذاتك. مع ظهور هذا الجوهر، ستتمكن من التخلي عن محاولاتك للتحكم في الأشياء ومتابعة الحياة. هذا هو طريق السهولة والثقة العميقة.

التركيز

يقع التركيز في الطرف الآخر من طيف التفكر. التركيز هو طريق "يانغ yang" أو طريق "اليد اليمنى"، طريق الجهد. مسار اليد اليمنى متجذر في النصف الأيسر من الدماغ - الدماغ المنطقي الذي يرى الوعي كعملية بحث يمكن تحقيقها على مراحل بمرور الوقت. يرتبط التركيز باليوغا، في أوسع استخدام للكلمة. تبدأ اليوغا بفرضية أنك بطريقة ما قد خرجت من

الاتحاد (ارتباطك مع الوجود). لذلك تستعين باليوغا وتبدأ في العمل لإعادة نفسك إلى الاتحاد وتنطلق في رحلة لاستعادة طبيعتك الحقيقية.

هناك حاجة لبذل جهد في مسار التركيز. في الغرب، كان التركيز طريقًا صارمة – يتمثل في سبيل الصلاة - سبيل العودة إلى الله. ويعتبر "زن Zen" المثال الشرقي لهذا النهج. ففي "زن Zen"، وخاصة فرع "رنزاي Rinzai" منه، تجلس وتركز عقلك وكيانك الكامل على "كوان koan"، وفي ذلك مفارقة. أخيرًا من خلال هذا النوع من التركيز، الذي قد يستغرق سنوات وسنوات من الجهد، يحصل اختراق وترى الطبيعة الحقيقية للواقع.

هناك العديد من أنواع اليوغا - كارما يوغا، وبهاكتي يوغا، ومانترا يوغا - وكلها تتحرك نحو نفس الغاية - إنها كلها جهود تتجه نحو الحقيقة وهذا هو المقصود بـ

التأمل

التأمل هو الطريق خالي الأيدي *(التفكر، اليد اليسرى؛ التركيز، اليد اليمنى)* ويستعير عناصر من التفكر والتركيز. في بعض النواحي، يعتبر التأمل طريقًا منسيًا. من بين جميع تعاليم العالم، فإن أكثر التعاليم المتعلقة بجوهر التأمل هو "الطاو Tao"، نظرًا لأنه ليس من السهل تحديده من التفكر والتركيز، فهو يبدو أحيانًا مسارًا أكثر ضبابية، وهذا هو عيبه الوحيد.

13

ومع ذلك، عندما يتم فهمه وممارسته بشكل صحيح، فإنه يكون أقل تطرفًا من المسارين الآخرين وهو مناسب بشكل خاص لحياتنا اليومية العملية.

يستخدم التأمل الضغط المستمر لا تركيز من أجل تهيئة الظروف لتحقيق اختراق (أي نفاذ لمرحلة أعلى في الوعي). ومع ذلك، فإن التأمل هو نهج ألطف من التركيز ولا يدفع بقوة في أي اتجاه. إنه يفترض أن الاختراق لا يمكن أن يحدث إلا في حالة من الاسترخاء واللعب. هناك قصة معروفة عن سماع بوذا لموسيقار. قال الرجل إنك إذا شددت وتر الآلة الخاصة بك أكثر من اللازم، فسوف تنفجر، ولكن إذا كان لديك تباطؤ شديد فلن تقوم بتشغيل الموسيقى. من هذه البصيرة ولد "الطريق الأوسط"، فالتأمل رقصة مع الأضداد مثل الطريق الأوسط. يستخدم ضغطًا مستمرًا بطريقة مرحة وهذا أيضًا يجعله مسارًا أقل رسمية من التركيز أو التفكر.

هناك استعارة لروح التأمل في مقدمة مفاتيح الجينات، تصف علبة خاتم صغيرة مثل التي قد تجدها في محل مجوهرات باهظ الثمن. العلبة مغطاة بالمخمل الفاخر، وفي مكان ما بداخلها يكمن شيء من الجمال الغامض. وسط ثنيات المخمل العديدة هناك مفاجأة مخفية. تأخذ العلبة بين يديك وتدحريها بلطف بين أصابعك. أنت لا تعرف ما تبحث عنه ولكنك تستمتع فقط بإحساس المخمل الناعم بينما تسمح لأصابعك باستكشاف العلبة. في نقطة معينة، تعثر على الجائزة المخفية وفجأة تنفتح العلبة لتكشف عن الكنز. التأمل هو مثل هذا البحث. إنه ليس بحثًا

مكثفًا، بل هو تقدير مرح للغموض، راضي بالرحلة نفسها، مستمتعاً بالاختراقات على طول الطريق.

المفتاح في التأمل هو أن يكون لديك شيء تتأمل فيه. أنت بحاجة إلى شيء بأبعاد كافية للحفاظ على ممارسة ما. هذا ما تم تصميم مفاتيح الجينات من أجله.

بالنسبة للبعض، قد يبدو التأمل وكأنه كلمة ذهنية، وهو كذلك في أحد المستويات. نحن نستخدم عقولنا للنظر في ألغاز الأبعاد الداخلية. لكننا نستخدم أيضًا جوانب أخرى من كياننا في نفس الوقت. التأمل هو طريق ثلاثي؛ فكري، عاطفي وجسدي.

بينما تتعلم المزيد عن المراحل المختلفة وتسلسلات المسار الذهبي، سترى كيف تتشابك هذه المستويات الثلاثة من التأمل

طرق التأمل

الافلاك والمسارات

عندما تنظر إلى ملف الهولوجيني، سترى أنه يتكون من شبكة من الدوائر أو الافلاك، والتي ترتبط بسلسلة من المسارات والأسهم. قد يلاحظ بعض الناس تشابهًا هنا مع التعاليم القديمة للقبالة اليهودية. ولكن كتركيب جديد، فإن مفاتيح الجينات تقف على أكتاف العديد التعاليم الروحية العظيمة من الماضي، ومن خلال دمجها فإنها تسعى إلى تقديم رؤية أعمق للواقع.

يمثل كل فلك من الافلاك الإحدى عشر لملفك الشخصي جانبًا من جوانب حياتك لتتأمل فيه. عندما تنظر الى فلك معين والمفتاح الجيني المقابل له، سوف تفتح احتمالية حدوث بصيرة وتحول في هذا الـ فلك في وعيك. على سبيل المثال، عندما تفكر في فلك عمل حياتك، قد تبدأ في فهم جوانب من ماضيك من منظور جديد. في الوقت نفسه، قد تبدأ أيضًا في إدراك أن لديك إمكانات أكبر بكثير لمستقبل جديد مما سمحت لنفسك أن تصدقه. هذا التغيير في وتيرة معتقداتك هو ما يجعل مفاتيح الجينات قوية للغاية.

هناك أيضًا أحد عشر مسارًا تربط الافلاك الإحدى عشر معًا بشكل تدفق خطي. تمثل هذه المسارات العمليات الديناميكية التي يرتكز عليها مصيرك. عند مستويات التردد المنخفضة، يختنق الضوء الداخلي أو قوة الحياة بداخلك في هذه القنوات ويتوقف تطورنا الطبيعي.

مع تعمق تأملك في كل فلك، ستتمكن من تجربة فترات مذهلة من التحول أو الاختراق حيث يبدأ هذا الضوء الداخلي في التدفق مرة أخرى خلال حياتك. تستغرق عملية التنوير الذاتي هذه وقتًا وتتطلب تأملاً وصبرًا مستمرين. عندما يرتفع ترددك، تبدأ أيضًا في رؤية كيف أن كل مسار وفلك هما جزء من كيان هولوغرامي واحد.

على سبيل المثال، عندما تواجه تحولًا في معتقداتك الفكرية، سترى ذلك ينعكس على جسدك المادي وفي علاقاتك ايضاً.

طرق التأمل

مفاتيح الجينات والخطوط الستة

تعد مفاتيح الجينات الأربع وستين لغة برمجة للوعي الداخلي. بينما تتأمل مفاتيح الجينات الخاصة بك وحتى تلك التي لا تظهر في ملفك الشخصي، فأنت تشرب بشكل مباشر من صميم الحقيقة الكونية لهذه التعاليم. بالإضافة إلى ذلك، فإن لكل مفتاح جيني لون أو هوية مختلفة تحدد من خلال ست عدسات محتملة تعرف بالـ خطوط الستة. هذه الخطوط (العدسات) الستة تأتي من التركيب الرياضي للأربع وستين رمزاً سداسياً في الـ إي تشينغ. والسداسي عبارة عن رمز مكون من ست خطوط ويضيف كل خط لونًا معينًا إلى مفتاح الجين. إذا تخيلت أن كل مفتاح جيني يشبه لحنًا موسيقياً فريداً، فإن الـ خطوط الستة ستكون مثل ستة مفاتيح مختلفة يمكن تشغيل هذه الألحان بها. قد يبدو اللحن مختلفًا تمامًا في كل مفتاح، لذا فإن أهمية فهم الخط مع مفتاح الجين لا يمكن التقليل منها.

بينما تتعلم فهم نغمة كل خط، ستجد أنه من السهل تطبيقهم على الأربع وستين مفاتيح جيني. هذا يعني أن هناك 6 × 64 تبديل لمفاتيح الجينات، مما ينشئ 384 قصة رائعة. يعد تضمين الـ خطوط الستة أحد الأشياء التي تجعل التأمل في مفاتيح الجينات مميزًا للغاية.

عليك أن تطلق قوة خيالك مقرونة بحدسك لكي تعمل من خلال نغمات الـ خطوط الستة. هذا يمكن أن يؤدي إلى رؤى مدهشة ارتقائية. يعتبر التأمل في مفاتيح الجينات والـ خطوط الستة عملية تمكينيه تتعلم القيام

بها بنفسك وتتيح لك حرية التنقل داخل النص الحي واكتشاف قدراته الخفية لإيقاظ أسرار كامنة بداخلك.

الرحلة - السير على المسار الذهبي

يعتبر المسار الذهبي كطريق الى غموض عميق. إنه طريق الروح، من خلاله تصبح حياتك اليومية أعظم مصدر للإلهام. إنه طريق الإثراء، الذي يدرب عينًا شعواء على الطريقة التي تعيش بها. يطلب منك التأمل في بعض الأسئلة العميقة والمؤلمة في بعض الأحيان، وبينما تخطو في المسار الذهبي، سوف تغوص بعمق في ثلاثة أسئلة أساسية:

1.ما هو هدفك في الحياة؟

2.ما مدى رضاك عن علاقاتك؟

3. ما مدى اندماجك في مجتمعك؟

هذه الأسئلة الثلاثة لا وجود لها لو كان البشر في تناغم تام مع بقية الخليقة. في جوهره، يصف المسار الذهبي التدفق الحيوي للحياة التي تتبع إيقاعات طبيعية بدون مقاومة. ربما كانت هناك أوقات في تاريخ البشرية في تلك الحالة الطبيعية، ولكن من الواضح جدًا أن عالمنا الحديث ليس من هذه الأوقات. هذا هو الغرض من مفاتيح الجينات - لمساعدة الأفراد والمجتمعات بإعادة تنظيم حياتهم إلى انسجام أوسع مع الخلق نفسه.

في الـ أي تشينغ الاصلي، الترجمة الأكثر شيوعًا للرسم السداسي العاشر هي كلمة "السير Treading". وفي مفاتيح الجينات ما يعادله هو مفتاح الجين العاشر لهبة الطبيعية. **عندما نسير في دروب حياتنا فنحن نخط أقدارنا. كلما ابتعدنا عن طبيعتنا الأساسية، زادت معاناتنا ومن حولنا. وهذه المعاناة حيوية بالنسبة لنا. إنها تذكرنا دائمًا بأن نسلك أسهل السبل، الأقل مقاومة، الطريق الطبيعي. لقد قيل إن أصعب وأسهل شيء في العالم هو ببساطة أن تكون على طبيعتك.**

أشار بوذا إلى هذا المسار الذهبي **بأنه الطريق المعتدل - المنحنى الطبيعي والانزلاق لتطورنا الداخلي كما يتجلى في العالم الخارجي.**

بينما نكشف مسلك مصيرنا الحقيقي، يبدأ الطريق الطبيعي في التألق أمامنا وينفتح تحتنا. ويستنير من خلال ادراكنا الداخلي، وبهذا المعنى، تصبح حياتنا ذهبية. إن السير على المسار الذهبي **هو بادرة إيمان عميقة بأنفسنا. يتطلب الأمر شجاعة وقدرًا كبيرًا من الدخول في المجهول.**

هيكل القدر

يتكشف مصير الإنسان وفقًا لتوقيته وبنيته. يوفر المسار الذهبي **نظاماً يتيح لك التفكير في** مفاتيح الجينات **بطريقة مخصصة، مع** مفاتيح جينية محددة تتعلق بمجالات معينة من حياتك. **هذه رحلة داخلية ستستغرقها فترة من الزمن.**

يتكون المسار الذهبي من ثلاث مراحل نموذجية:

الجزء الأول: مسار الكشف عن غرض الحياة - تسلسل التنشيط

الجزء الثاني: مسار فتح القلب - تسلسل الزهرة

الجزء الثالث: مسار إطلاق الازدهار - تسلسل اللؤلؤة

تتعلق كل مرحلة من هذه المراحل الثلاث بالأسئلة الثلاثة المذكورة أعلاه المتعلقة بالهدف والعلاقات والمجتمع، وعلى الرغم من أنها قد تبدو مختلفة عن بعضها، الا أنك ستكتشف بنفسك مدى عمق الترابط بينها.

بغض النظر عن المرحلة التي تسافر خلالها حاليًا، سترى أن حياتك بأكملها حقًا رحلة إلى الهدف والحب والازدهار. يعتمد النسيج المعقد لمصيرك على الفن الذي تجلبه إلى الطريقة التي تعيش بها حياتك اليومية. أثناء قيامك برحلة عبر هذه المراحل الثلاث من المسار الذهبي، ستتاح لك فرصة رائعة لفهم شيء عن هيكل مصيرك، مكتوباً في نسيج حمضك النووي.

تطبيق مفاتيح الجينات على حياتك
سحر التسلسلات

إذا قررت أن تسلك المسار الذهبي من خلال مفاتيح الجينات، فمن المستحسن أن تبدأ من البداية الطبيعية له، وهي تسلسل التنشيط والهبات الأساسية الأربعة الخاصة بك. يكمن سحر المسار الذهبي في أنه يوفر لك هيكلًا متسلسلًا للتأمل فيه على فترة من الزمن.

التطور والحياة يتبعان نهجاً طبيعياً. ومع ذلك، فإن تسلسلات المسار الذهبي ليست مسارات تغير منك. إنها كشف للجوهر السامي المخبأ بداخلك. لذلك عندما تسافر من خلالها، قد يبدو الأمر كما لو أنك تقوم بفك خيوط نسيج حياتك بالعكس. يجب أن تتحقق من كل غرزة من القماش وتتخلص من تلك العقد والانزلاقات التي تسببت في وقوعك في صعوبات. ثم تعيد تركيبة نسيج أنماطك الجينية، وتنشئ حياتك بأكملها من سجل نظيف.

متابعة التسلسلات الخاصة بك يستغرق وقتًا. يُطلب منك التأمل بعمق في معتقداتك وسلوكك وحياتك الفكرية وطبيعة رغباتك وأحلامك. سوف تكشف لك التسلسلات عن أي شيء خارج عن المحاذاة مع الكل، وسوف تتجاهل تلك الأجزاء من نفسك التي لا تخدم هدفك في الحياة (الغرض الأسمى). هذا هو سحر التسلسلات بشكل تطبيقي – أسلوب عملي وتحويلي.

المرحلة الأولى - تسلسل التنشيط
التأريض على المستوى المادي

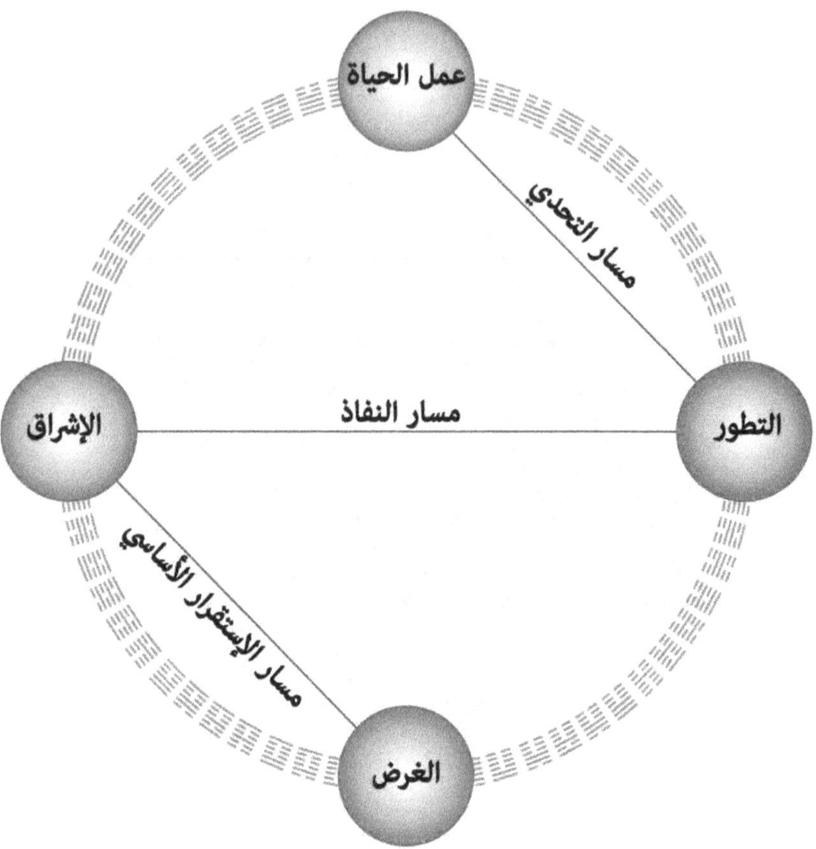

تسلسل التنشيط هو أبسط التسلسلات الثلاثة التي تشكل المسار الذهبي. يعمل بقوة في توجيهك مادياً إلى جسدك، إلى مركز عالمك الداخلي. إنه احتفال بجمال وكرامة تفردك. بينما تتأمل في مفاتيح الجينات الموجودة في الهبات الرئيسية الأربع الخاصة بك وديناميكيتها الداخلية، فإنك تشارك في تفعيل تسلسل التنشيط بداخلك، والذي يضع الأساس لحصول اختراق في حياتك.

بينما تستمر في العمل مع مفاتيح الجينات من خلال التسلسلات الأخرى، ستحدث اختراقات في الوعي بشكل مستمرة. لهذا السبب، يضع تسلسل التنشيط الأساس لرحلتك في التحول.

المرحلة الثانية – تسلسل الزهرة

الإبحار في العالم العاطفي

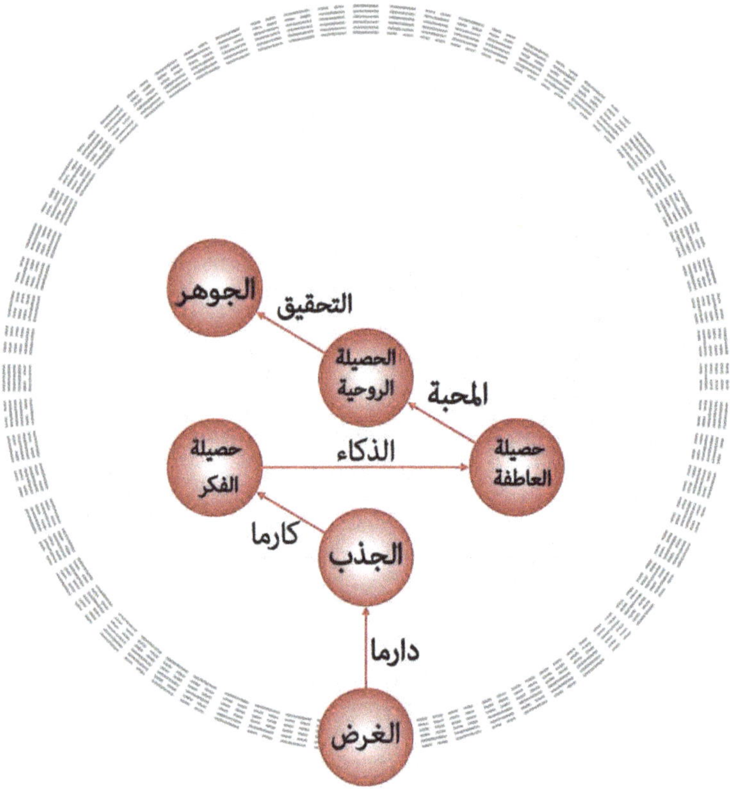

يمثل تسلسل الزهرة جوهر هذه التعاليم، باعتباره أطول وأكثر تعقيداً من بين التسلسلات الثلاثة التي ستتأمل فيها على طول المسار الذهبي. إنها رحلة إلى القلب والجرح الذي نحمله جميعًا حول قلوبنا. يعيد تسلسل الزهرة توجيهك في حياتك على صعيد المستوى العاطفي، ويستكشف السمات الجينية بالحمض النووي الذي ورثتها عند الولادة وسبل التمسك بها وتحريرها.

بينما تفكر في تسلسل الزهرة الخاص بك ومفاتيح الجينات الموجودة فيه، فإنك تجلب التحول إلى علاقاتك من خلال فهم الأنماط التي تمنعك من العيش باستمرار بقلب مفتوح.

المرحلة الثالثة – تسلسل اللؤلؤة

توضيح الرؤية على المستوى الفكري

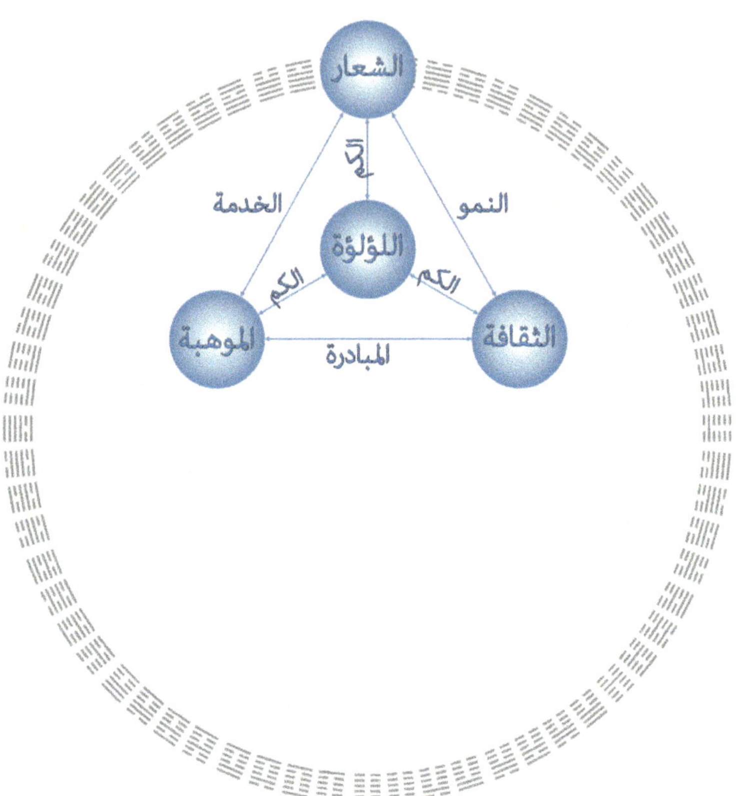

عند وصولك إلى تسلسل اللؤلؤة، ستشاهد العديد من جوانب حياتك في ضوء جديد. بينما تقضي وقتًا في تنشيط الترددات الأعلى لمفاتيح الجينات بداخلك، تظهر رؤية جديدة لحياتك. تأتي بشكل طبيعي من خلال فهم أنماطك العاطفية وقبولها. بمجرد أن تبدأ في الارتباط بشكل واضح ونظيف بالآخرين، تبدأ رموز غرضك الأسمى في جذب فرص جديدة نحوك. يساعدك تسلسل اللؤلؤة في توضيح كيفية تصميمك الجيني لكي تتناغم

بشكل أفضل مع الكل. وكيف تستخدم هاتك الفريدة لضمان أن تصبح مزدهرًا على جميع المستويات.

كل تسلسل من التسلسلات الثلاثة للمسار الذهبي هو جزء من لغز ينكشف ويأخذك في رحلة تحول خلال حياتك اليومية. على الرغم من أن كل تسلسل يبدو منفصلاً ويتحرك في غضون الوقت، إلا أنهم في الواقع مترابطون جميعًا. سحر هذه التسلسلات الخطية هو أنها تكثف بشكل متناقض تجربتك في اللحظة الحالية.

العمل واللعب مع مفاتيح الجينات

هناك العديد من الطرق لاستخدام مفاتيح الجينات في حياتك. إنها دعوة لخيالك. المسار الذهبي ببساطة هو إحدى هذه الطرق العديدة، وإذا فهمته بشكل صحيح، فإنه يقدم أحد منحنيات التوسع الأكثر حدة التي ربما تواجهها في حياتك. قد يدفعك الوقت الذي تمنحه لهذه العملية إلى مرحلة جديدة تمامًا في حياتك. لذلك فإن المسار الذهبي هو درب لطيف ولكن لا يستهان بقوته. لديه القدرة على سحبك بحدة إلى مركزك، إلى المنحدر، دون اختراق حرمة كيانك كفرد.

المسار المركزي لمفاتيح الجينات هو التأمل. من خلاله تتشرب حقائق المفاتيح داخل نفسك على مدار فترة زمنية طويلة. أنت تلعب مع مفاتيح الجينات، وتقدمهم إلى قوة خيالك، حتى يبدأ جسمك في التوهج داخليًا بروح جديدة. تدور مفاتيح الجينات حول إشعال الضوء الساكن داخل قلبك. في الواقع، هم تأمل في الضوء نفسه. السر يكمن في التأمل

27

المستمر. بهذا المعنى، فإن التأمل هو مسعى مدى الحياة. هذا لا يعني أنه يتعين عليك التفكير في مفاتيح الجينات لبقية حياتك، ولكن في مرحلة معينة لن تحتاج إليها وسوف تتلاشى بشكل طبيعي عندما تبدأ في تجسيد حقيقة حكمتهم في حياتك اليومية.

التفرد - الغرض من الرحلة

كما ذكرنا سابقًا، يهدف المسار الذهبي إلى إعادة حس تناغمي أعلى إلى حياتنا. إنه يتعلق بكونك طبيعيًا. يتعلق برؤية الحياة من خلال عين الماء - ذلك الجزء منا الذي يمكنه دائمًا بالشعور واتباع المسار الأقل مقاومة في الحياة. الهدف النهائي للمسار الذهبي هو جلبك إلى حالة تُعرف باسم "التفرد". يشير التفرد إلى عملية يتم من خلالها الجمع بين العديد من جوانب حياتك المختلفة - أحلامك وعلاقاتك وصحتك وأموالك وروحانياتك - معًا في تناغم متكامل.

الإنسان المتفرد هو الشخص الذي تتناغم حياته الداخلية تمامًا مع حياته الخارجية. في مثل هذا الشخص، يصبح كل شيء مبسطًا. تفردك هو مصدر قوتك، الذي لا يعزلك بأي حال من الأحوال عن مجتمعك. على العكس، فإن تفردك يعمل على تقوية روابطك داخل مجتمعك. في الكائن المتفرد، تتم معالجة العديد من الحالات العاطفية وتحويلها داخليًا بشكل طبيعي، مما يؤدي إلى تقليل الخلاف أو الارتباك أو فقدان الطاقة في بيئتك.

هذا أيضًا يجلب المزيد من السهولة والبساطة في جميع علاقاتك. كلما أصبحت متفردا، أصبحت أكثر كفاءة في استخدام الطاقة. في الوقت نفسه، لا يعني التفرد أنك ستصبح أكثر "روحانية". إنه يحتفظ بالمشاركة الكاملة لعواطفنا وتلك الحالات الصعبة التي نشير إليها غالبًا بظلالنا. الفرق بين الانسان المتفرد والإنسان المبرمج هو أن الأول يعيش في حالة من التسامح مع الذات.

يجب أن يُفهم التفرد على أنه مختلف عن أي حالة روحية مزعومة. إنه يختلف عن التنوير أو الاستيعاب. بل هو شرط مسبق لهذه الحالات. يتحدث التفرد عن النضج الداخلي والاستقرار بدلاً من البحث الجائع عن الحقيقة الروحية، مما يجعل نظامنا بأكمله في حالة عميقة من التوازن والسهولة. عندما نصل إلى حالة التفرد، يصبح بحثنا الروحي متجهاً داخلياً، ونميل بشكل طبيعي إلى التحدث بشكل أقل عن هذا الفتح الروحي والحفاظ على الحدود المناسبة حول أنفسنا عاطفياً ونفسياً.

في الوقت نفسه، نجد أن العالم العادي من حولنا مرحّب ومثمر ونقابله بشعور منعش من الانفتاح.

نادرًا ما يفصل الإنسان المتفرد نفسه عن العامة، ولكنه يكتفي بالتنقل في العالم كشخص عادي. التفرد مكان قوي ومتواضع تصل إليه في حياتك. قد لا يبدو التفرد مثيرًا لأصحاب العقول الجائعة للعالم الخارجي، لكنه ينقل الثقل السري للصبر والهدوء ويرسخه بعمق في حمضك النووي. أن

29

تكون متفردًا يعني أن تغازل ما هو خفي وغير مرئي وفي نفس الوقت أن تتألق بنور إنسانيتك.

إن السير في المسار الذهبي عبر مفاتيح الجينات مغامرة كبيرة. إنها مغامرة قديمة متلبسة في شكل معاصر. وبما أنه قد يحدث تغيير جذري في الحياة، الا أن الكثير يعتمد عليك كمسافر في هذا المسار. أنت مدعو لإدخال ذاتك التخيلية الكاملة في هذه العملية. إنها رحلتك إلى حياتك، وكلما كنت أكثر صدقًا ووعيًا مع نفسك، كلما كانت استنارتك أكثر عمقًا.

2- تسلسل التنشيط الخاص بك

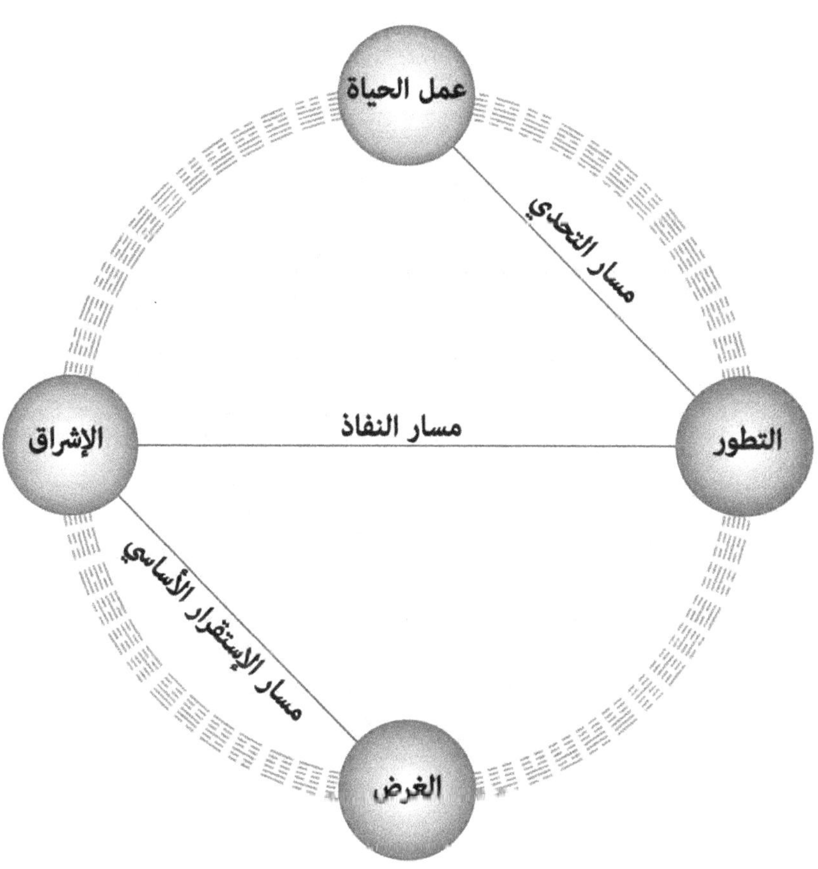

تسلسل التنشيط الخاص بك

اكتشاف عبقريتك

الهبات الأساسية الأربعة لديك

قبل ظهور مفاتيح الجينات، كنت طالبًا ملتحقاً بتعاليم تُعرف باسم نظام التصميم البشري Human Design. في الواقع، جزء من الكشف عن مفاتيح الجينات يرتكز على أساس التصميم البشري. في التصميم البشري، يحتوي مخطط الولادة على إحداثيات يشار إليها باسم الهبات الأساسية الأربعة الخاصة بك. تعرف باسم "صليب التجسد" وتشير إلى أكثر من سبعين بالمائة من كيانك. عندما درست التصميم البشري، أصبحت مفتونًا بهذه الإحداثيات الأربعة. دخلت في تأمل عميق لها على مدى سنوات. أخيرًا ذات يوم، أشرق النور بداخلي. لم تكن هذه مجرد مجموعة مقفلة من المعايير التي تصف الفرد على أنه مجموعة من الخصائص. كانت عبارة عن شفرة، وداخل الشفرة يختفي سرًا، ولا يمكن فتح السر إلا في تسلسل، تمامًا مثل قفل الخزانة.

مثل معظم الناس أحب الغموض. لكنني تعلمت شيئًا على مر السنين. هو أنه يمكن فك شفرة الغموض، لكن لا يمكن حل سره ابداً. السر الحقيقي مثل الحياة نفسها، ليس لنا أن نفهمها بعقلنا المنطقي. يمكن حل الألغاز العادية، ولكن ليس الالغاز الحقيقيَّة أبدًا. أنك بذاتك لغز. هناك العديد من الأنظمة التي تدّعي حل اللغز الذي هو أنت. قد يحاولون تقسيمنا إلى فئات وسلوكيات وأنواع، لكن لا يمكن تقسيم أي إنسان إلى أجزاء بهذه الطريقة. نحن من المفترض أن نكون لغزا. بمعرفة هذا، فأنت

حر في استكشاف الوعي بطريقة غير مقيدة. لن تضطر إلى تعلم أي معلومات جديدة. التأمل لا يتعلق بالتعلم. إنه يتعلق بالكشف، والحل، والفتح. توجد إجابات، لكن لا توجد إجابة محددة.

الهبات الأربع الأساسية الخاصة بك تعتبر نماذج حية تطفو داخل هذا اللغز. إنها رموز مطبوعة معلقة في صورة هولوغرامية للزمكان. مثل السداسيات الأربع والستين من الـ أي تشينغ الأصلي، فإن مفاتيح الجينات الـ الأربع والستين عبارة عن منافذ الى الروابط الديناميكية لكل الوجود . التغيير. الهبات الأربع الأساسية الخاصة بك هي بذور تحولك المحتمل.

قد يبدو ذلك مجرد كلمات على صفحة، ولكن عندما يشرق عليها ضوء تفكيرك باستمرار، فإنها تؤثر عليك بإعادة برمجة الطريقة التي ترى بها نفسك، والطريقة التي تجلس بها داخل جسدك، والطريقة التي تستجيب بها للحياة.

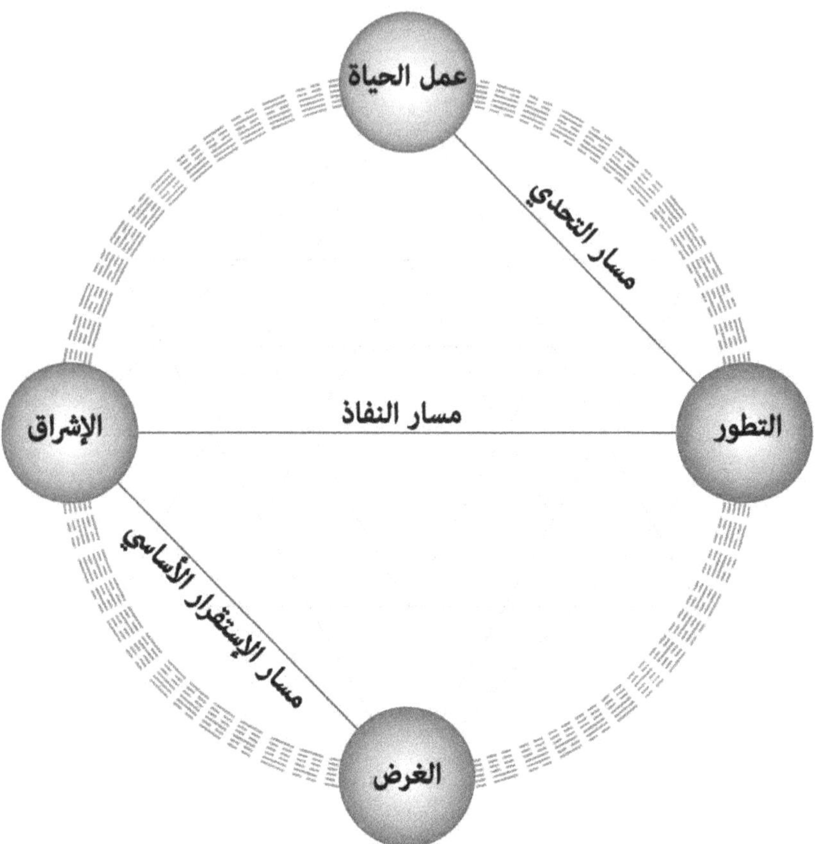

يمثل تسلسل التنشيط الخاص بك بداية رحلة إلى المصفوفة الحية لمفاتيح الجينات. إنها الوسيلة العملية للكشف عن الغرض الأسمى المخبأ في حمضك النووي. هذه الهبات الأربع الأساسية هي أعمدة عبقريتك، لذا عندما تفكر فيها، يجب أن تفهم أنها ترمز إلى النسيج الحي لمصيرك. حتى تفهم حقًا كل مفتاح من هذه المفاتيح الجينية الأربعة - عمل حياتك وتطورك وإشراقك وغرضك، فسيظل جزء من مصيرك خامدًا.

في المسار الذهبي، التسلسل هو المفتاح دائمًا. في علم الوراثة، يتم وضع كل شيء بداخلنا في تسلسل ويتم الكشف عن كل شيء في تسلسل. كل تغيير مادي يحدث لأنه تم تنشيط تسلسل في مكان ما بداخلنا. لكي يحدث التغيير الخلوي، يقوم الحمض النووي الريبوزي RNA بفك ضغط الحمض النووي DNA عن طريق مد شريط من النيوكليوتيدات في تسلسل. كل عمليات الحياة تعمل بنفس الطريقة. التطور بحد ذاته هو رمز يكشف عن نفسه تلقائيًا في تسلسلات. من المريح والباعث للنور التفكير في أن كل أسرار الحياة تكمن وراء هذه الرموز الخفية. يفتح العلم الألغاز المادية، لكن التأمل يفتح الألغاز الروحية. وفي مفاتيح الجينات يتم الكشف عن الاسرار بشكل تسلسي ايضاً ابتداءً مع تسلسل التنشيط الخاص بك

مصطلحات ذات صلة – للتأمل

سوف تسبح في حقل غني من المصطلحات عالية التردد من خلال هذا الكتاب وأثناء رحلتك مع المسار الذهبي. هذا أحد الاسباب التي تجعل العمل مع ملفك الهولوجيني قويًا للغاية. عندما تفكر في هذه الكلمات وتقلبها داخل نفسك، ستكسب المزيد من الوضوح والبصيرة. أحياناً داخل النص ستصادف مصطلحات جديدة، تم تعريف معظمها في معجم التمكين الشخصي في الجزء الخلفي من كتاب مفاتيح الجينات، وتضمين العديد منها أيضًا هنا والبعض منها جديد. بدلاً من وضع هذه المصطلحات في مسرد في الجزء الخلفي من هذا الكتاب (والذي قد تنسى قراءته)، قمت بإدراجها هنا في البداية. يحمل كل مصطلح تمكينًا، لذلك من المجزي قراءته والتفكر فيه، قبل المضي قدمًا، والسماح له

35

بالاستقرار داخل وعيك. سيكون هذا جانبًا مهمًا من ممارستك التأملية المستمرة مع مفتاح الجينات.

تسلسل التنشيط – هو التسلسل الجيني الأساسي في ملفك الهولوجيني. يصف سلسلة من ثلاث قفزات في الوعي تتكشف في حياتك بينما تقوم بتنشيط الغرض الأسمى داخل حمضك النووي. تسمى هذه القفزات الداخلية بالتحدي الخاص بك واختراقك واستقرارك الأساسي. محسوبًا من موقع الشمس وقت ولادتك، يحدد تسلسل التنشيط أربعة مفاتيح جينية (تُعرف باسم هباتك الأساسية الأربعة) التي تشكل الحقل الاهتزازي لعبقريتك. كما يوحي اسمه، فإن تسلسل التنشيط الخاص بك هو محرك يمكن أن يحفز عملية من التحول المكثف في حياتك في فترة من الزمن.

الادراك – هو أحد جوانب الوعي الموجودة في جميع أشكال الحياة. في الإنسان، يمكن تقسيم الإدراك إلى ثلاث طبقات رئيسية، على الرغم من أنه في الواقع عبارة عن إدراك واحد - الإدراك الجسدي والإدراك العاطفي والإدراك الفكري. عند مستويات منخفضة من التردد، يقتصر الادراك البشري على جسم الإنسان - يظل الادراك الجسدي متجذرًا في البقاء والخوف، والادراك العاطفي متجذرًا في الرغبة والدراما والادراك الفكري يظل متجذرًا في المقارنة وإطلاق الاحكام. عندما ترفع التردد في كيانك، يصبح ادراكك أكثر دقة ويتحول من بيئتك المحلية إلى مجال كوني اوسع. يصبح الادراك الجسدي حضورًا إلهيًا، والادراك العاطفي حبًا عالميًا ويصبح الادراك العقلي صمتًا وحكمة.

التركيز - أحد المسارات الأولية الثلاثة المؤدية إلى حالات عالية من الاستيعاب والتجسيد. التركيز هو مسار اليد اليسرى، ويمثله علم اليوغا القديم. إنه يستخدم الجهد المركّز وقوة الإرادة لإحداث سلسلة من التحولات التي تزيد من وتيرة إدراكك تدريجيًا.

التأمل - أحد المسارات الأولية الثلاثة التي تؤدي إلى حالات عالية من الاستيعاب والتجسيد. التأمل هو الطريق المركزي الذي يمثله تاو Tao. إنه يستخدم كل من عنصري التركيز (الجهد) والتفكر (بدون جهد) لتحقيق زيادة في ترددانك. يحدث التأمل في المستويات البشرية الثلاثة السفلية؛ هناك تأمل جسدي وتأمل عاطفي وتأمل فكري. بمرور الوقت، يحول التأمل الأجسام الجسدية والنجمية والفكرية إلى نظائرها ذات التردد العالي - الأجسام السببية والبوذية والآتمية. يعد التأمل المطول في الـ اربع وستين مفتاحً جيني من أسرع الطرق وأسهلها لتنشيط الترددات الأعلى الكامنة في الحمض النووي الخاص بك.

نطاق التردد - في توليف مفاتيح الجينات، ينعكس معدل اهتزاز هالتك على ثلاثة "نطاقات" من الترددّات، التي تُعرف باسم الظل والهبة والسيدهي. على الرغم من وجود العديد من الطبقات أو نطاقات التردد في الواقع، إلا أن هذه اللغة الثلاثية تجعل مفاتيح الجينات سهلة الفهم والتأمل وأخيراً حصول التجسد. يتم وضع نطاقات التردد الثلاثة بدقّة من خلال طيف الوعي - الخريطة اللغوية لمفاتيح الجينات الاربع وستين ونطاقات التردد الخاصة بها.

التردد - وسيلة لقياس الطبيعة الاهتزازية للطاقة المشعة مثل الصوت أو الضوء أو حتى الإدراك. الفرضية المركزية لتوليفة مفاتيح الجينات هي أنه يمكنك تغيير تردد الضوء الذي يمر عبر حمضك النووي، وبالتالي تسريع أو إبطاء قوة التطور نفسها. من خلال التأمل العميق في مفاتيح الجينات الأربع وستين وتعاليمها، يمكنك رفع تردد حمضك النووي وبالتالي تغيير التردد الاهتزازي لهالتك، والوصول إلى حالات أعلى وأعلى من الانسجام مع الكون بأسره.

مفتاح الجين - واحد من أربع وستين سمة كونية للوعي. يعتبر كل مفتاح جين كبوابة متعددة الأبعاد إلى كيانك الداخلي والهدف الوحيد منه تنشيط غرضك الأسمى والسماح لك في النهاية باحتضان قدسيتك. يتم تنشيط غرضك الأسمى من خلال التأمل المستمر لمفاتيح الجينات ونطاقات التردد الخاصة بها.

العبقرية - الذكاء الفطري لجميع البشر. العبقرية الحقيقية (على عكس العبقرية الفكرية) هي تفرد إبداعي عفوي وفطري متجذر في الحب غير المشروط. العبقرية هي المظهر الطبيعي للحياة البشرية عندما يُسمح لها بالتوسع بدون فرض. العبقرية هي السمة المميزة لنطاق تردد الهبة حيث يؤدي التسامح مع الذات إلى انفتاح تدريجي لقلبك، مما يؤدي إلى انفجار الطاقة الإبداعية في كل كيانك. كلما زاد تواتر الحمض النووي الخاص بك، زادت رغبتك في استخدام عبقريتك في خدمة الكل. مع انضمام المزيد والمزيد من الناس إلى عبقريتهم معًا، فإن العالم كما نراه اليوم سيتغير.

الهبة (التردد) - نطاق التردد المتعلق بعبقرية الإنسان وانفتاح القلب. عندما يدخل وعيك بشكل كامل في ترددات الظل، فإنه يفتح الطاقة الكامنة الموجودة في حمضك النووي. يتم إطلاق هذه الطاقة من خلال أجسامك الجسدية والنجمية والفكرية كضوء. جسديًا، يمكن أن يؤدي ذلك إلى تغييرات في كيمياء الجسم وزيادة الحيوية. عاطفياً، يمكن أن يؤدي ذلك إلى رفع المشاعر والبهجة والشعور السائد بالتفاؤل. فكرياً يمكن أن يؤدي إلى البصيرة والإبداع العظيم.

تردد الهبة هو عملية وحي تدريجي من خلاله يتم الكشف عن طبيعتك العليا الحقيقية (السيدهي). هناك العديد من الحالات والمراحل داخل نطاق تردد الهبة وهي تمثل الحقل الكمي حيث تجتمع قوى الترقي والتدلي Evolution & Involution معًا. إحدى السمات المميزة لتردد الهبة هي القدرة على تحمل المسؤولية الكاملة عن الكارما الخاصة بالفرد - وهي أفكار الفرد ومشاعره وكلماته وأفعاله. في هذا المستوى من التردد، لم يعد الشخص يعرف بأنه ضحية لأي مؤثر خارجي محسوس.

السداسي - رمز ثنائي تصويري يشكل أساس الـ أي تشينغ. السداسيات الأربع وستين لا إي تشينغ تشبه بشكل مباشر مفاتيح الجينات الأربع وستين. يتكون كل مخطط سداسي من ستة خطوط، إما مكسورة (يين) أو غير مكسورة (يانغ). تقدم مفاتيح الجينات تفسيرًا حديثًا لاربع وستين سداسي من حيث صلتها ببنيتنا الجينية الأساسية والبنية الأساسية للكون نفسه. كل سداسي أو مفتاح جيني هو بوابة لموسوعة المعرفة والبصيرة عن نفسك ومكانك في الكون. من خلال التأمل المستمر في الأشكال السداسية وبنيتها وترابطها، يمكنك رفع وتيرة الضوء الذي

يتحرك عبر الحمض النووي الخاص بك وتجربة الحياة على مستوى جديد من الوعي.

إي تشينغ - "المواد الأولية " الأصلية المكونة لمفاتيح الجينات، نص صيني مقدس يرجع تاريخه إلى القرن الرابع قبل الميلاد تقريبًا. توجد العديد من التفاسير والنسخ من الـ أي تشينغ وربما اشتهر بكونه أداة للعرافة Oracle. مفاتيح الجينات هي تتويج طبيعي لجميع التجسيدات السابقة لـ أي تشينغ وتشير في النهاية إلى حقيقة أن جميع النصوص المقدسة لها مصدرها في داخلنا. يمكن الآن إثبات نفس الحقائق التي استوعبها الحكماء القدماء بشكل حدسي من خلال علم الوراثة الحديث - أن الكون مبني على رموز طبيعية يمكن فك شيفراتها وفتحها. تم تكريم الـ أي تشينغ الأصلي بأعلى درجات التقدير باعتباره نصًا مقدسًا له القدرة على عكس الحكمة الحية في كل لحظة. وبالمثل، توجهنا مفاتيح الجينات نحو الداخل للبحث عن مصدر معاناتنا في ظلالنا وترشدنا في تحويل تلك المعاناة إلى إبداع وحرية.

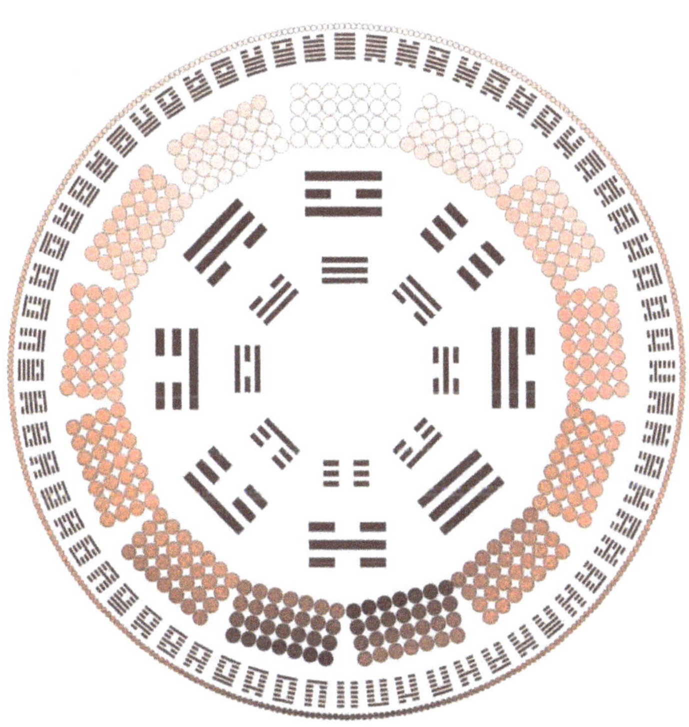

التفكر - أحد المسارات الأولية الثلاثة التي تؤدي إلى حالات عالية من الاستيعاب والتجسيد. **التفكر** هو الطريق الأيمن، ويمثله علم التانترا tantra القديم. الجوهر الحقيقي للمسار التفكري هو ببساطة المشاهدة والشهادة والسماح. من خلال التفكر، يتوصل المرء تدريجيًّا إلى إدراك أن الطبيعة الحقيقية للفرد تسكن في وعي لا خيار له سوا الإرتقاء. قد يأتي هذا الوحي العظيم كتكشُّف لطيف يزيد من "نواتر" وعيك بمرور الوقت أو

41

كانفجار داخلي مفاجئ يسمح لك بتجربة دائمة لذاتك الإلهية - أو قد يأتي كلاهما معاً.

الطفرة - حدث غير متوقع يكسر الاستمرارية في أي تسلسل خطي، على أي مستوى داخل الكون. من الناحية الجينية، فإن الطفرات هي "أخطاء" تحدث أثناء تكاثر الخلايا. الطفرة هي أم الاختلاف، لأنها تخلق شوكات (تشعبات) لا نهاية لها في الدافع التطوري، مما يؤدي إلى عمليات جديدة وغير متوقعة. تحدث الطفرات أيضًا في حياتنا اليومية طوال الوقت. تحدث عندما يكون هناك كسر لأنماط أو إيقاعات حياتك.

إن خوفنا من الطفرات هو الذي يغذي حقل تردد الظل. على سبيل المثال، عندما تجد نفسك تمر بفترة طفرة، ستشعر بقلق عميق تجاه نفسك وحياتك. إذا قمت بقمع هذا الشعور أو رد فعله بدافع الخوف، فسوف تزعج عمليات الحظ الجيد التي تصاحب الطفرة دائمًا. بينما تتعلم الاستسلام للعمليات الطفرية الطبيعية في حياتك، ستطلق العنان للهبات الإبداعية القوية بداخلك وتضع نفسك في توافق مع تزامن مصيرك الحقيقي.

المسار - في ملفك الهولوجيني، هو عبارة عن عمليات التحول الديناميكية لحالات الوعي التي تسيطر عليها ترددات الظلال في المفاتيح الجينية و تحريرها من خلال رفع مستوى هذه الحالات الى ترددات الهبات الأعلى. يعمل كل مسار كموصل لقوى الترقّي والتدلي Evolution & Involution التوأمان.

تسلسل اللؤلؤة - التسلسل الثالث والأخير الذي يشتمل على المسار الذهبي، تسلسل اللؤلؤة هو التسلسل الجيني الأساسي لفتح وعينا الفكري للعمل على مستوى أعلى. تم إنشاء تسلسل اللؤلؤة من مواقع المريخ والمشتري والشمس في وقت ولادتك، وهو عبارة عن رحلة تأملية باستخدام مفاتيح الجينات التي تهدف إلى فتح عقلك على رؤية متسامية للكون. تسمح وجهة النظر هذه للفرد برؤية البساطة المتأصلة في الحياة وتحريك طاقاته وموارده لتتماشى معها. يتكون تسلسل اللؤلؤة الفردي الخاص بك من أربعة مفاتيح جينية محددة لها تأثير مباشر على قدرتك على أن تكون فعالًا ومزدهرًا في حياتك. يُظهر لك كل مفتاح من هذه المفاتيح الجينية الأربعة آنماط الظل الذي تمنعك من عيش حياة مزدهرة وحرة. عندما يدخل وعيك في هذه الأنماط ويفتح قفل الهبات المخفية، سوف تكتشف موردًا من العبقرية والإبداع غير المستغلين. السر العظيم الآخر لتسلسل اللؤلؤة هو قوة العمل الخيري بمنظور عالمي. تتيح لنا اللؤلؤة العثور على أقرب حلفائنا والعمل معًا في خدمة مجتمعنا وتحقيق انجازات سامية.

الهبات الأساسية . محسوبة من وقت وتاريخ ومكان ولادتك، عبارة عن سلسلة من أربعة مفاتيح جينية ترتبط ارتباطًا وثيقًا غرضك العام في الحياة.

تُعرف باسم عمل حياتك وتطورك وإشراقك وغرضك، وتمثل الحقل الحي لعبقريتك الذي تم طباعتة في حمضك النووي فترة الحمل. من خلال فهم وتبني جوانب الظلال لمفاتيح الجينات التي تتوافق مع هباتك الأساسية الأربعة، فأنت تعمل على تنشيط تردداتها الأعلى وتحفيز

حدوث طفرة في عمق حمضك النووي. تُعرف هذه العملية باسم تسلسل التنشيط. من خلال التأمل المستمر في الترددات العالية لـ هباتك الأساسية، ستشهد تحولًا كاملاً في حياتك وإطلاق عنان العبقرية الحقيقية بداخلك.

شركاء البرمجة - مفتاحان جينيان مرتبطان معًا هولوغرامياً من خلال المعارضة - بعبارة أخرى، هما متقابلان تمامًا. هناك اثنان وثلاثين من شركاء البرمجة ضمن المصفوفة الجينية، وينشئ كل منهم حلقة ارتجاع بيولوجي تعزز أنماط مفاتيح الجينات في كل مستويات التردد. في تردد الظل، ينشئ شركاء البرمجة أنماطًا وتركيبات جسدية وعاطفية وعقلية تعزز بعضها البعض. عندما يخترق الوعي هذه الأنماط ويحولها، فإنه يطلق موجات من الطاقة الإبداعية عند تردد الهبة، مما يؤدي إلى زيادة مستمرة في التردد التطوري للفرد. عند تردد السيدهي، لم يعد شركاء البرمجة يعارضون بعضهم البعض، ولكن يشرقون كوعي نقي، يخلق تناغمًا نقيًا لدرجة أنه يلغي الاختلاف بينهم.

التسلسل - الوسيلة التي يتم من خلالها التحول الخلوي وتحفيز الاستنارة. بينما نتعلم قبول ترددات الظل في حياتنا، فإننا نشهد فتح وتنشيط تدريجي للرموز العليا للوعي داخل أجسادنا.

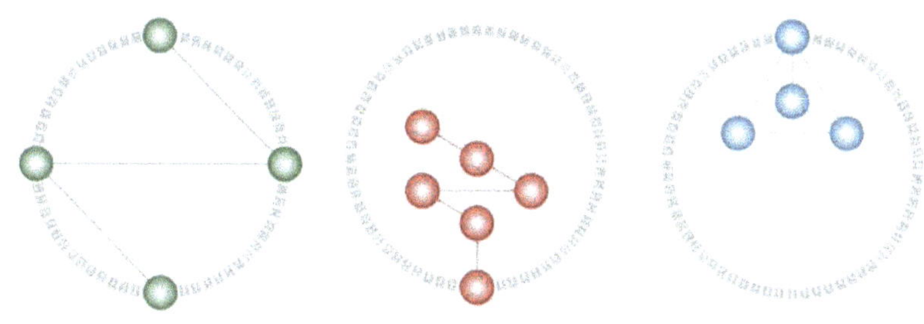

الظل (التردد) - نطاق التردد المتعلق بجميع المعاناة الإنسانية. ينبثق نطاق تردد الظل من الأسلاك العصبية القديمة في الدماغ البشري. يعتمد هذا التوصيل العصبي على البقاء الفردي ويرتبط مباشرة بالخوف. يستمر الوجود اللاواعي للخوف في نظامنا بتعزيز إيماننا بأننا منفصلون عن العالم من حولنا. ينشر هذا الاعتقاد الراسخ لعقلية "الضحية"، منذ اللحظة التي نعتقد فيها أننا منفصلون، حيث نشعر بالضعف وتحت رحمة القوى الخارجية. عندما نعيش في نطاق تردد الظل فإننا نعيش داخل ثقافة اللوم والعار. نلوم تلك القوى والأشخاص الذين نعتقد أنهم خارجنا، ونشعر بالعار عندما نعتقد أننا وحدنا المسؤولون عن حياتنا. بمجرد أن تبدأ في فهم كيف يتحكم تردد الظل في غالبية الناس في العالم، بما في ذلك أنت، فإنك تدرك مدى سهولة الخروج من قبنسته، ببساطة عن طريق تغيير موقفك، تقوم بإطلاق التيارات الإبداعية المخبأة داخل ترددات الظل وتأخذ حياتك مجرى هدف أسمى (الغرض الأسمى لك). تصبح معاناتك مصدر خلاصك. وهكذا تبدأ رحلتك بعيدًا عن تلك الأنماط

والسمات الداخلية التي تجعلك تؤمن بأنك ضحية نحو الهبات العبقرية لديك والمتأصلة في الحب الذي يمثل طبيعتك الحقيقية.

السيدهي (التردد) - نطاق التردد المتعلق بالتجسيد الكامل والاستيعاب الروحي. يتلاشى مفهوم الترددات والمستويات بشكل متناقض عند استيعاب الحقيقة على أنها سيدهي. كلمة "سيدهي" مشتقة من اللغة السنسكريتية وتعني "الهبة الإلهية". تحدث الحالة السديهية فقط عندما يتم تحويل جميع أثار الظل، خاصة على المستوى الجمعي، إلى ضوء. عندما تدخل في حالة الاستيعاب، يبدأ هذا التحول الكيميائي في التسارع، حتى يصمت كل شيء وتدخل في حالة التجسيد في الاستهلال السادس. هناك أربع وستون سيدهي وكل منها يشير إلى تعبير مختلف من الاستيعاب الإلهي. على الرغم من أن الاستيعاب هو نفسه في كل حالة، الا أن تعبيره سيختلف وقد يبدو متناقضًا. لا يجب الخلط بين السيدهي في توليفة مفاتيح الجينات والطريقة التي يتم فهمها بها في بعض التقاليد الصوفية الأخرى. الأربع وستون سيدهي ليسوا عقبات على طريق الاستيعاب ولكنهم تعبير عن الاستيعاب وثماره.

الفلك - في الملف الهولوجيني الخاص بك، جانب معين من حياتك له مفتاح جيني مطابق (موجود في) وخط منسوب إليه. يوفر نقاط محورية للتأمل المستمر، وتشكل الأفلاك الإحدى عشرة في الملف الهولوجيني خطوات متتابعة على طول المسار الذهبي.

المسار الذهبي - التسلسل الجيني الرئيسي الذي يساعدك لرفع ترددك بشكل دائم من تردد الظل إلى تردد الهبة. يوحد تسلسلات

التنشيط، والزهرة واللؤلؤة، ويصف عملية التكشف الطبيعي للوعي البشري أثناء نضجه إلى ما بعد أنماط الضحية لتردد الظل. يتوجب على البشر جميعاً، عاجلاً أم آجلاً، السير في مسارات مشابهة للمسار الذهبي، لأنه يرمز الى عبور "الروح" المتفردة خلال الاستهلالات الأربع الأولى. عندما يتم تنقية أجسامك الثلاثة السفلية (الجسدية والنجمية والفكرية) تدريجياً وتحويلها إلى رنين متناسق، ستختبر انفتاح قلبك وإطلاق عبقريتك الإبداعية في العالم. يضع المسار الذهبي الأساس لعيش حياة عالية التردد.

الخطوط الستة - فيما يتعلق بالبنية السداسية للا إي تشينغ، تصف الخطوط الستة مزيدًا من الفروق الدقيقة لكل من مفاتيح الجينات الأربع وستين. إذا رأينا كل مفتاح جيني على أنه صورة نموذجية لنمط معين، فإن كل خط يشبه لون لتلك الصورة. بمجرد أن تتمكن من رؤية اللون، تظهر الصورة بأكملها بشك أوضح وحي. تعد معرفة الخطوط الستة والأفكار الأساسية الخاصة بها مهارة أساسية يجب إتقانها، حيث تتيح لك تفسير العديد من عناصر الملف الهولوجيني بطريقة بسيطة وسهلة الوصول. هناك العديد من المفاهيم والموضوعات لكل خط من الخطوط الستة وهي ممتعة للتعلم وباعثة للنور حال تطبيقها. كلما شعرت بعمق صدى الخطوط الستة داخل كيانك، يصبح من السهل فهم التسلسلات الخاصة بك ومشاركة هذا الصدى مع الآخرين.

التحول - عملية التغيير الديناميكي والمستمر الذي يحدث عندما تستسلم للطفرة وتقبلها. عند تردد الظل، فإن الطفرة هي شيء يُخشى بشدة لأنه يتحدى دائمًا نمطًا أو إيقاعًا أو روتينًا راسخًا فيك. ما لم يتم

47

احتضان الطفرات (فترات الاضطراب الطبيعي) وقبولها بالكامل في حياتك، لا يمكن أن يحدث التحول. ينطوي التحول على نقلة كاملة من حالة أو مستوى إلى آخر.

بعد حدوث التحول، يتغير كل شيء. يبدأ ذلك في نطاق تردد الهبة، حيث يتم تحويل أنماط الضحية الخلوية العميقة في الوعي. تعتبر فترات الطفرات الشديدة في حياتك دائمًا فرصة عظيمة للتحول. طالما كان موقفك منفتحًا وقابلاً وتعتنق وتتحمل المسؤولية عن حالتك، فسيحدث التحول في حياتك. مع التحول يأتي الوضوح الكبير والحرية والإبداع. إنها العملية التي من خلالها تظهر عبقريتك في العالم.

تسلسل الزهرة - التسلسل الجيني الأساسي لفتح الأنماط العاطفية العميقة في حياتك. كمحور مركزي للمسار الذهبي، فإن تسلسل الزهرة هو رحلة تأملية داخلية في ديناميكيات أنماط الجرح العاطفي الخاصة بك، الموروثة من خلال الحمض النووي لأسلافك. تم إنشاء تسلسل الزهرة من إحداثيات مواقع الأرض والقمر والمريخ والزهرة وقت ولادتك، وهو يرسم مسارًا طبيعيًا لستة مفاتيح جينية تحكم كل أنماطك العاطفية في هذه الحياة. عندما يبدأ وعيك في فهم جوانب الظل لمفاتيح الجينات الستة هذه ومراقبتها، لا سيما في علاقاتك، ستبدأ في تحويل أنماط التردد المنخفض إلى هبات ذات ترددات أعلى. بهذه الطريقة، يتحرك جسدك النجمي (طبيعتك العاطفية) خلال عملية تحويل تؤدي إلى الانفتاح الدائم لقلبك.

خلال المرحلة الحالية من التطور المعروفة باسم التغيير العظيم، فإن تسلسل الزهرة له أهمية خاصة لأن الغرض الأساسي منه هو فتح مركز جديد للوعي في الضفيرة الشمسية.

3-مسار التحدي

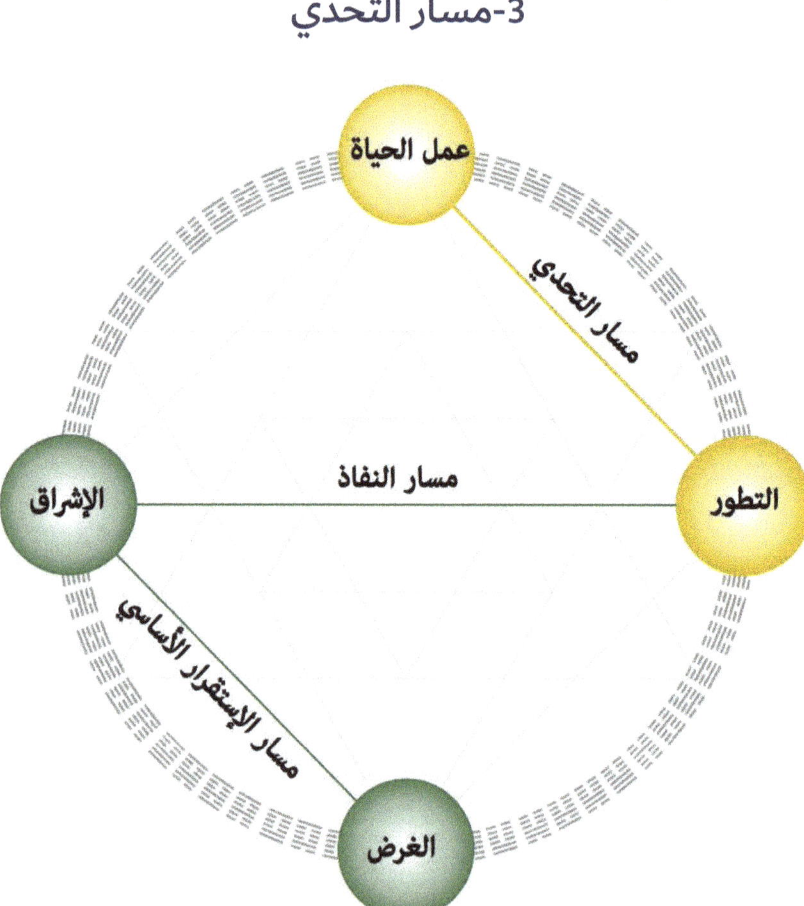

مسار التحدي

تبدأ رحلتنا على الفور بالمواجهة. في مفاتيح الجينات، الفرضية المركزية هي أن كل ظل يحتوي على هبة، لذلك يجب أن نبدأ بالنظر في طبيعة الظلال بداخلنا للوصول إلى الهبة المخفية في الداخل. هذا هو التحدي الخاص بك. إنه التحدي الذي يبرز داخل كل إنسان. يتم تكوين حياتنا أو تحطيمها على خلفية هذا التحدي البدائي النموذجي. عندما تصل إلى مفاتيح الجينات، يجب أن تكون مستعدًا لمستوى معين من الانزعاج الداخلي، لأن النظر إلى الظلال الخاصة بك وزيادة وعيك بها في حياتك اليومية هو ما يدور حوله هذا العمل.

عند النظر إلى التحدي الخاص بك، يجب أن تنظر بعمق في الديناميكية بين المفتاحين الجينيين اللذين يمتدان على هذا المسار. هذان هما فلكي عمل الحياة والتطور الخاص بك.

شركاء البرمجة

رمزية الوعي

نحن جميعًا هنا لكي نتطور. إنه مكتوب في قصة الحمض النووي أنه يجب التطور لأجل البقاء، ويجب التطور أكثر من أجل الازدهار. مفتاحي الجينات في عمل حياتك وتطورك هما اقتران جيني (شركاء في البرمجة)، وكذلك مفتاحي الجينات لـ إشراقك وهدفك. من بين التسلسلات الثلاثة للمفاتيح الجينية التي تشكل هذا المسار الذهبي، فإن تسلسل التنشيط

فريد من نوعه في هذا الصدد. يتكون من زوجين من الأضداد. في لغة مفاتيح الجينات، يُعرفون باسم شركاء البرمجة. عندما تنظر إلى عجلة السداسية لمفاتيح الجينات أدناه، سترى أن كل مفتاح جيني له مفتاح جيني آخر مقابله تمامًا. إذا نظرت إلى بنية الخطوط الستة التي تشكل هذين الشكلين السداسيين، فسترى أنها تشكل نمط المرآة الدقيق لبعضها البعض. في توليفة مفاتيح الجينات، نستخدم هذه العجلة كوسيلة لتحديد لحظات الطباعة (طباعة الأنماط في حمضك النووي)، وقت الولادة.

مثال على شريكين مبرمجين في العجلة السداسية

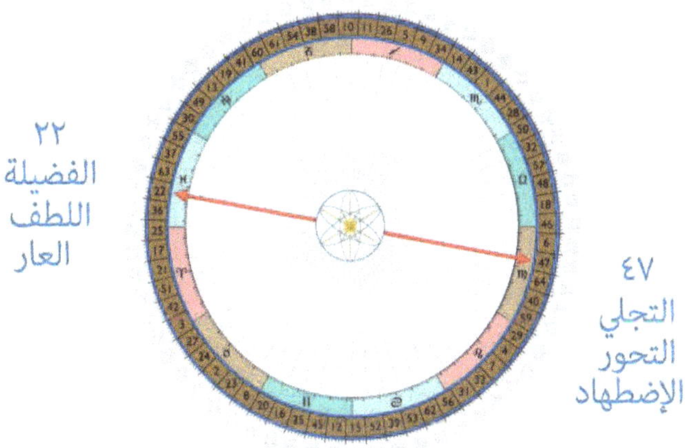

يتم حساب ملفك الهولوجيني من وقت ومكان ولادتك وعلى وجه الخصوص من موقع الشمس عندما ولدت. ومقابل الشمس نجد الأرض، المكان الذي ننظر منه إلى الأعلى في السماء لتحديد مكاننا في سلسلة الزمكان. هذه القطبية هي التي نأتي بها إلى العالم، تعرف باسم عمل حياتك وتطورك. يرمز عمل حياتك للشمس، وقوة طاقة اليانغ yang للنار، وتطورك يرمز للأرض وقوة طاقة الين yin للمادة. في حين أن عمل حياتك هو تعبير عما تفعله، فإن تطورك هو التوربينات التي تقود ما تفعله. إن المجال الأرضي لتطورك الذي يقاوم تلك النار الشمسية لعمل حياتك هو ما يهيئ توتر الترددات الذي يكتب سيناريو حياتك.

53

يمكن فهم كل ما سبق على أنه قصة رمزية لكيفية دخول الوعي إلى العالم. كل منا هو عبارة عن تفاعل بين الأضداد - البذرة من سلالة الأب والبيضة من سلالة الأم. عندما نقوم بتحويل هذا إلى عجلة الـ أي تشينغ السداسية، نجد لدينا رمز جميل من خارج الزمن لمساعدتنا في فك رموز الأساطير العديدة التي تشكل مصير الإنسان.

عندما تقرأ تعريف شركاء البرمجة في المسرد ، يمكنك أن ترى أن مجموعتي شركاء البرمجة اللتين تشكلان تسلسل التنشيط الخاص بك يمثلان شيفرات مرتبطة ببعضها البعض محفورة بعمق في حمضك النووي. في اللحظة التي يفتح فيها وعيك رموز أنماط الظل، يحدث عملية إيقاظ تحرر التوتر الترددي المخزن لهذه المعارضات (شركاء البرمجة) بداخلك. هذا هو السبب في أن المسار الأول للمسار الذهبي يسمى مسار التحدي - عليك الغوص في قلب هذا التوتر وتحريره في صميمه.

4-.فلك عمل الحياة

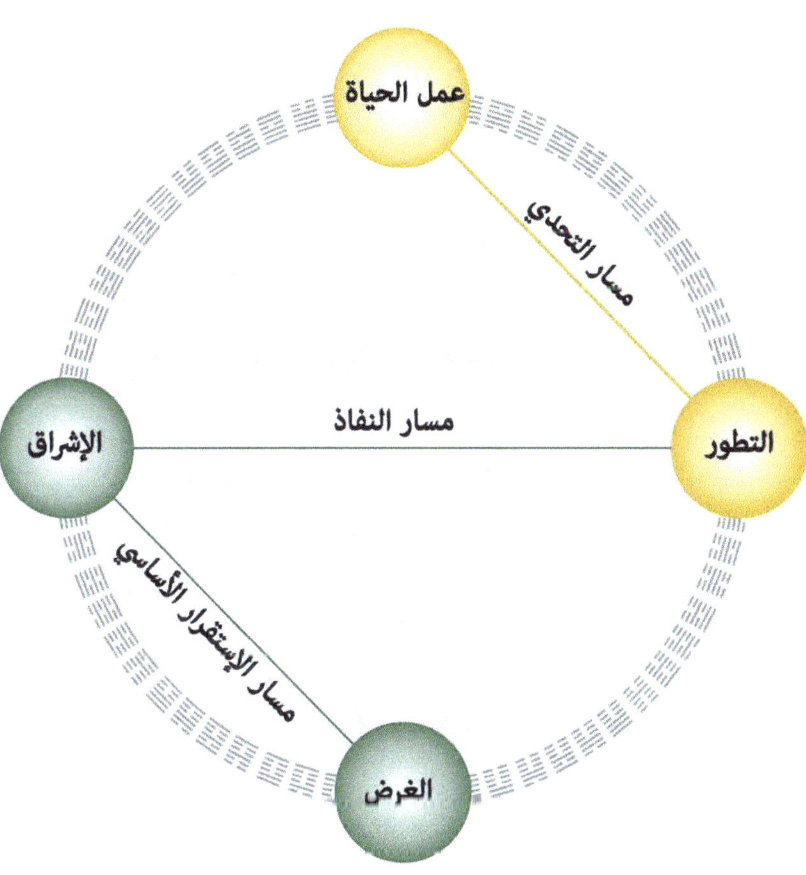

فلك عمل حياتك

يمكنك البدء بالتفكير في مفتاح الجين الذي يمثل عمل حياتك. عمل حياتك هو قمة جبل الجليد لـ ملفك الهولوجيني بالكامل. إنه المكان الذي يلتقي فيه غرضك الأسمى بالعالم الخارجي. هناك العديد من أشكال العمل. عملك الخارجي شيء واحد - ما أنت هنا لتفعله في الحياة - أي حياتك المهنية أو وظيفتك أو روتينك اليومي. يعد مفتاح الجين هذا مؤشرًا جيدًا لأفضل شي يناسبك كعمل. ومع ذلك، فإن مفاتيح الجينات ليست حرفية. إنها تعطيك إطارًا لقصة، وأنت الذي يجب أن تجد الدور الخارجي في حياتك. عندما تنظر إلى الظل في مفتاح الجين لـ عمل الحياة، سترى النمط في طبيعتك الذي يمنعك من العثور على نوع الدور الذي يناسبك تمامًا.

الظل

النوع الآخر من العمل هو العمل الداخلي. يُظهر لك الظل في عمل الحياة تحديًا ستواجهه مرارًا وتكرارًا في حياتك حتى تقبله تمامًا. هذا هو عمل حياتك الداخلية. هناك ثلاث مراحل مرافقة لتحويل ظلالنا. هم: اسمح، اقبل واحتضن. أولاً، يجب أن تبدأ في السماح بأن هذه المشكلة موجودة في حياتك. لا يتعين عليك قبولها على الفور. قد تكرهها أو تخجل منها أو تغضب منها. لكن يجب أن تبدأ ببساطة بالسماح لها بالتواجد. وقد لا تكون موجودة طوال الوقت. سيتوجب عليك أن تراقبها.

بمجرد أن تسمح بذلك، تكون مستعدًا لقبولها، والقبول شيء جميل. القبول يعني أن عملك الداخلي فعلياً قد بداء. لقد استدعيت الشجاعة لتحمل المسؤولية عن شيء ما بداخلك. يشعل القبول نار التحول، ومع احمرار النار من حولك، تدخل المرحلة الأخيرة - الاحتضان. تأخذ نفسًا عميقًا وتسمح للظل بالولوج داخلك بشكل كامل. هذه الشمولية وحدها هي التي تسمح بتحويل نمط سلبي بالكامل بداخلك. أنت تفتح قلبك بالكامل لتحدي حياتك.

الهبة

كل ظل يحتوي على هبة. وتأخذ عملية التحول هذه بعض الوقت. يجب أن نكون واضحين حول هذا الموضوع. أنت لا تحول هذا التحدي فقط ثم تنتقل إلى الجزء التالي من ملفك الهولوجيني! هذا التحدي موجود على طول الطريق طوال الرحلة. إنه التحدي الرئيسي الخاص بك. وأثناء الاستمرار باكتشاف الملامح الداخلية لملفك الهولوجيني، سترى كيف يفتح اعتناقك لمسار التحدي هذا جميع المداخل الأخرى في ملفك الهولوجيني. هناك ظلال أخرى أعمق تربى هناك. والتي بدورها تحتوي على مزيد من الهبات. في كل مرة تتعرف على نمط سلبي وتحتضنه، فأنك تفتح هبة أخرى. في الآخر كل الهبات مترابطة، تماما كما ترتبط الظلال. سيملي لك التأمل المستمر الكشف عن هذا. وعندما تتجلى الهبات سيصبح عمل حياتك أكثر وضوحاً. يؤثر عملك الداخلي على عملك الخارجي. أنه قانون كوني.

السيدهي

يمثل السيدهي الجوهر الإلهي لعملك في العالم. عندما تفكر في ظل عمل حياتك، فمن الجيد موازنة ذلك عن طريق عقد السيدهي بالحسبان في العقل والقلب. تحتاج إلى التفكير في هذا السيدهي وتحديد موقعه كجوهر داخل نفسك. هذا هو ما أنت هنا للقيام به. إنه جوهر سيرتك الذاتية. عندما تجلبك رحلة التأمل الخاصة بك إلى نهاية هذا المسار الذهبي، ستعود مرة أخرى إلى هذا المفتاح الجيني نفسه، ولكن في فلك آخر تماما. تحتاج إلى الاحتفاظ بهذا السيدهي في قلبك طوال الرحلة، وفي النهاية، إذا كنت محظوظا، فقد توحي لك هذه السيدهي عن نفسها في هيئة مختلفة.

الكلمات المحددة للأربع وستين مفتاح جيني عبارة عن مجموعة من المفاتيح اللغوية. قد لا تفهمها في البداية، ولكن في الوقت المناسب ستتجلى لك القصص والرؤى والاهتزازات التي تكمن وراءها. الصبر هو أحد أعظم حلفائك في هذه الرحلة.

التأمل في الخطوط الستة

في مقدمة المسار الذهبي، استخدمنا تشبيه موسيقي للمساعدة في فهم العلاقة بين كل مفتاح جين وخطوطه الستة. قلنا إنه إذا كان كل مفتاح جيني لحنًا، فسيكون كل خط بمثابة مفتاح يمكن من خلاله عزف هذا اللحن. في ملفك الهولوجيني، لديك سلسلة كاملة من مفاتيح الجينات التي تتعلق بجوانب من وعيك، وكل مفتاح جيني يأتي معه خط معين. سيكون جزء كبير من تأملك متعلق باكتشاف المعنى الداخلي لـ مفتاح

الجين والخط المصاحب له. يحمل المسار الذهبي الخاص بك قصة قوية لتَكشُّف وعيك وتوفر الخطوط الستة جزءًا مهمًا من روايتك الداخلية. ولك أن تكتشف معانيها أدناه.

الخطوط الستة لـ عمل حياتك

الخط الأول – المبتكر

يُعَبِر الخط الأول عن جوهر النمط الذي يحتوي عليه هذا المفتاح جيني. نحن البشر هنا لنكون مبدعين. عمل حياتنا هو في الأساس عمل إبداعي قيد التنفيذ. عندما ننتهي من عمل حياتنا ونعود إلى الفراغ، يتدخل شخص آخر لمواصلة عملنا، مهما كان، وهكذا تستمر سلسلة التطور الإبداعي. إذا كان لديك الخط الأول كـ عمل حياتك، فأنت هنا لإنشاء شيء جديد. يجب أن تكون فكرتك - يجب أن يكون شيئًا ينبثق من أعماقك. يمكنك الركوب على أكتاف المبدعين الآخرين الذين سبقوك، ولكن، يجب أن تكون نسختك أصلية. عندما تقوم بتطبيق هذا الخط على مفتاح جين عمل حياتك، فأنت بحاجة إلى التفكير في مفتاح الجين هذا على مستوى عميق للغاية. يجب أن يأخذك تفكيرك إلى قاع البئر. هناك عمق كبير في رغبتك في العثور على تعبير في العالم. قد تحتاج إلى الكثير من الشجاعة والصبر لتجد نفسك وتعبر عنها بشكل كامل في عملك. مهما فعلت، يجب أن يحتوي هذا العنصر على الإبداع الحيوي بداخله، وإلا فلن تكون قادرًا على الشعور بالرضا في حياتك.

الخط الثاني– الراقص

يحمل كل خط ثاني شعورًا قويًا بالانسيابية. في حين أن الخط الأول يدور حول البحث العميق لاكتشاف الفرص الإبداعية، فإن الخط الثاني يدور

حول التعبير عن الذات. في أفضل حالاته، يكون الخط الثاني في حالة لا واعية، مثل الراقص الذي يضيع في فرحة الرقص. إذا كان لديك خط ثاني كـ عمل حياتك، فسيتعين عليك اكتشاف منح الحياة التي تأتي إليك بشكل طبيعي وسهل. في وقت مبكر من حياتنا، غالبًا ما يتضح في المدرسة على سبيل المثال، ما هي المواد التي نتفوق فيها، على الرغم من أننا غالبًا ما ينتهي بنا المطاف في مسارات مختلفة. تحتاج إلى القيام بالأشياء التي تتقنها - الأشياء التي تحبها - والأشياء التي يمكنك القيام بها دون التفكير. يشير الأركيتايب للراقص إلى هبة طبيعية متأصلة تنبع منك. عندما تثق في هذه الهبة، فإنها تتدفق منك بشكل عفوي كنسيم هواء جميل وطبيعي. عندما تفكر في المفتاح الجيني لـ عمل حياتك، فكر في الشيء الذي تفعله بأكبر قدر من البركة والسهولة. سيعطيك هذا فكرة عن أين يقع عمل حياتك الحقيقي.

الخط الثالث- المغير

على عكس الخط الثاني الذي يتبع تدفقًا انسيابياً من الداخل إلى الخارج، فإن الخط الثالث أقل قابلية للتنبؤ به. جميع الخطوط الثالثة تحمل التغيير في جوهرها، وتفتقد في كثير من الأحيان للاستقرار الموجود في الخطوط الأخرى. هذا يعني أن حياة أولئك الذين لديهم الخطوط الثالثة غالبًا ما تكون ملونة جدًا، أو عند مشاهدتها من الظل، تكون فوضوية. إذا كان لديك خط ثالث لـ عمل حياتك، فإن التحدي الأكبر الذي تواجهه هو أن تتعلم التخلي عما يعتقد عقلك بأنه "طبيعي". الأركيتايب الخاص بك هو المغير، مما يعني أنك ستتعلم هباتك من الحياة. قد يكون لديك العديد

61

من التجارب المختلفة في أدوار مختلفة، مع أشخاص مختلفين يدخلون ويخرجون من حياتك، وإذا استطعت التخلي والاستمتاع بهذا النوع من السرد المثير، فستعيش حياة غنية جدًا. ومع ذلك، إذا قارنت حياتك بالآخرين الذين قد يبدون أكثر استقرارًا، فقد ينتهي بك الأمر بإيواء كل أنواع الأحكام الذاتية التي ستقوض هباتك الحقيقية. عندما تفكر في المفتاح الجيني لـ عمل حياتك، فأنت بحاجة إلى تخيله في أكثر أشكاله ديناميكية وتغيرًا وقابلية للتكيف، وهذا سيجعلك أقرب إلى جوهر عمل حياتك.

الخط الرابع – الخادم

من بين جميع الخطوط الستة، فإن الخط الرابع لديه القدرة على أن يكون أكثر تركيزًا. عندما تقوم بتطبيق هذا الخط على مفتاح الجين في عمل حياتك، فإنه يمكن أن يخلق هبة قوية للغاية ومؤثرة. إذا كان لديك الخط الرابع كـ عمل حياتك، فإنه يلون مفتاح الجين المقابل بقدرة مذهلة على الاقناع. لديك قدرة فطرية على التأثير على الآخرين. اعتمادًا على موقفك، يمكن أن يدفع هذا الأشخاص بعيدًا أو يجذبهم نحوك. عالم الخط الرابع هو الأشخاص، لذلك من المهم أن تتعلم الاستماع إلى الآخرين. مهما كان مفتاح جين عمل حياتك، فإن أفضل تعبير له هو من خلال الخدمة. بالنسبة لك، يمكن أن تعني الخدمة أشياء كثيرة - يمكن أن تتعلق على سبيل المثال بالجودة أو الصقل أو المجاملة، أو يمكن أن تكون واضحة مثل كونها في مهنة خدمة. الخادم هو نموذج أصلي يتضمن بوضوح تقديم

الهبات الخاصة بك من أجل الآخرين. بمعنى آخر، أنت حقًا تقدم الخدمة لأنك تحب أن ترى شخصًا آخر يبتسم.

الخط الخامس - المصلح

هناك تدفق سردي واضح عبر جميع الخطوط الستة. يكتشفه الخط الاول، ويعبر عنه الخط الثاني، ويقوم الخط الثالث بتجربته وتكييفه، وينشره الخط الرابع، وثم نصل إلى الخط الخامس. الخط الخامس هو التطبيق العملي الخالص. إنه ينظر إلى الشيء ويقرر ما إذا كان سيساعد العالم حقًا أم لا. إذا لم يكن الأمر كذلك، فإن الخط الخامس يلتفت بعيدًا، ولكن إذا كانت هناك فرصة أن يكون هذا الشيء مفيدًا حقًا، فإن الخط الخامس يدّعي ملكيته ويجعل منه شيئًا قويًا حقًا. إذا كان لديك الخط الخامس لـ عمل حياتك، فلديك القدرة على الذهاب بعيدًا في العالم الخارجي. الأركيتايب للمصلح يدور حول خلق كفاءة أكبر في العالم. عندما تفكر في المفتاح الجيني لـ عمل حياتك، فكر في كيفية إنشاء مشروع تجاري من هذا الأركيتايب. فكر في كيفية استخدام ذلك كقائد. هذا لا يعني أنه يجب عليك القيام بذلك، ولكنه يسمح لعقلك بالعمل بالطريقة التي تريدها الطبيعة. عندما تكون هباتك منظمة بشكل جيد، فسيحتاجها الكثير من الناس. من بين جميع الخطوط الستة، ربما تكون لديك أكبر قدرة على النجاح ظاهريًا في العالم من خلال هباتك.

الخط السادس - المعلم

الخط السادس يقف بعيدًا عن الخطوط الأخرى. بمعنى أنه يعيش وفقًا لقوانين مختلفة. هذا لا يجعله أفضل أو أسوأ، لأن كل خط له مميزاته. السؤال الذي يدق في قلب الخط السادس هو لماذا؟ الخط السادس له علاقة معينة بالخط الأول، لأنه يجلب الكمال لمجموع الحكمة الموجودة داخل كل مفتاح جيني.

الخط الاول يحمل جوهر مفتاح الجين والخط السادس يكتب سيرته الذاتية! بمعنى آخر، الخط السادس لديه القدرة على أن يكون الأكثر حكمة من بين جميع الخطوط - ليس الأذكى (1)، وليس الأكثر جاذبية (2)، وليس الأكثر إثارة (3)، وليس الأكثر سهولة (4)، ليس الأنجح (5) ولكن ببساطة يرى أبعد من الآخرين. هذا هو الأركيتايب للمعلم، وكما رأينا، لا يعني هذا بالضرورة أنه إذا كان لديك الخط السادس في عمل حياتك، فأنت مُقدر أن تكون مدرسًا. هذا يعني أنك تشارك السمة الأساسية لأي معلم جيد حقًا - فأنت تدرك أن جميع الأشخاص يولدون بمواهب مختلفة، وإذا وفرت البيئة المناسبة، فستظهر هذه الهبات بمفردها.

إذا كان لديك الخط السادس لا مفتاح الجيني لـ عمل حياتك، فإن تأملك لهذا المفتاح الجيني يجب أن يكون متجذرًا في الصبر. بطريقة ما عليك أن تفهم كل نهج من الخطوط الخمسة الأخرى قبل أن تتمكن من الإجابة على السؤال لماذا؟ عمق هذا السؤال يعني أن هباتك قد تستغرق وقتًا طويلاً لتظهر بالكامل في الحياة. عليك أن تكون قادرًا على إعادة النظر في حياتك، وبعد ذلك ستبدأ في الرؤية من خلال عيون الحكمة. لذلك فإن

التأمل هو طريق طبيعي جدًا بالنسبة لك في الحياة. يستغرق الأمر وقتًا، ولكنه دائمًا ما ينتج عنه إجابة.

5- فلك التطور

عمل الحياة
الإشراق
التطور
الغرض
مسار التحدي
مسار النفاذ
مسار الاستقرار الأساسي

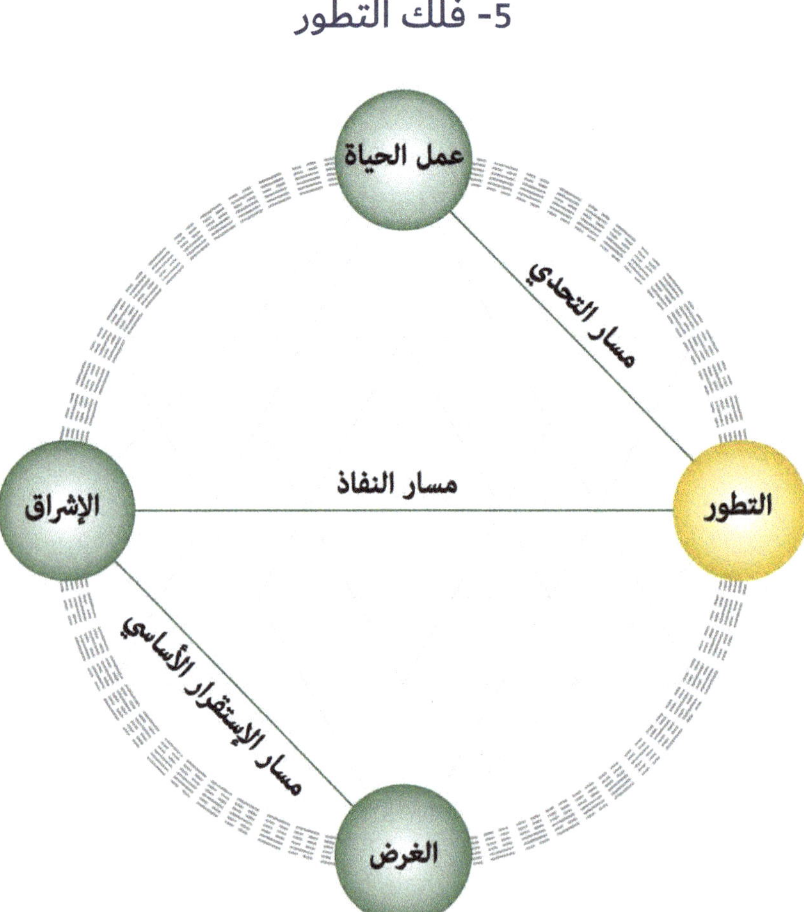

فلك تطورك

ربما تكون لديك فكرة عن معنى عمل حياتك من خلال تأملك الأولي، أو ربما لا يزال لغزا بالنسبة لك. كلا الأمرين خير! تستغرق عملية الفهم هذه وقتًا. يمكنك دائماً العودة للتفكر في جوانب ملفك الهولوجيني الغير مفهومة، عليك التحلي بالثقة أثناء رحلة الاستنارة! بينما تستمر في علمية التفكر، ستصل إلى الوضوح عاجلاً أم آجلاً وسيشق النور طريقة اليك. سنوجه عدساتنا الآن إلى الفلك التالي على طول المسار الذهبي - فلك التطور. تطورك، كما رأينا، يتعارض مع عمل حياتك. يُلخص هذان الفلكان ومفاتيحهما الجينية معًا التحدي الأساسي في حياتك. انظر بعمق إلى المفتاح الجيني لـ تطورك. من المحتمل جدًا أن يمثل مكانًا غير مريح لك.

الظل

من الضروري أن تفهم تمامًا تردد الظل لمفتاح الجين المرتبط بـ تطورك. سيظل تسلسل التنشيط الخاص بك خامدًا إلى أن يتم تشغيله في حياتك وتبدأ عملية التصالح معه. هناك عدة نقاط انطلاق على طول المسار الذهبي وتطورك هو أولها. إذا كنت لا تفهم معنى هذا الظل أو لا يبدو أنه متصل بك، فقد تحتاج إلى التفكير فيه مرة أخرى من زاوية أخرى. أحيانًا يكون للكلمات الخاصة بـ مفاتيح الجينات أكثر من معنى. إن فهم نمط ما فكريًا شيء، لكن إدراكه والامساك به شيء آخر تمامًا.

غالبًا ما تظهر هذه الأنماط في مرآة علاقاتنا، وغالبًا ما تصبح جزءًا من سلوكنا أو تحفز سلوكياتنا. هناك شيء واحد مؤكد، في اللحظة التي تشعر

فيها بعدم اليقين أو الألم، سيكون هذا الظل قريبًا. يمكنك جعل هذا مشروعك الأول - انتظر حتى تواجه التحدي التالي - يمكن أن يكون داخليًا أو خارجيًا - ثم توخى الحذر لهذا الظل. بمجرد مواجهته، فمن المرجح أنك ستعرفه جيداً.

الهبة

قد لا يكون السير في المسار الذهبي أسهل شيء تحاول القيام به في الحياة، ولكنه يستحق العناء. التحدي الأول لك هو فهم التحدي الخاص بك! عندما تفكر في هذين الشريكين في البرمجة - عمل حياتك وتطورك معًا، قد تبدأ في رؤية مدى ترسخ هذا التحدي. ومع ذلك، فإن تطورك لا يتعلق بتجاوز هذا التحدي لأن الانزعاج هو الذي يُظهر لنا أننا ننمو. السر هو أن تتعلم كيف تُقدر التحدي الخاص بك في الحياة. هباتك، أي ملكاتك العبقرية، تنمو من سماد أنماط الظل هذه، ووعيك هو الذي يحولها. ألق نظرة فاحصة على هبة تطورك وقد ترى سمة تميزك عن الآخرين. لا يوجد سوى أربع وستون مفتاحًا جينيًا، لذا سيكون هناك العديد من الأشخاص الذين لديهم نفس مفتاح الجين لـ تطورهم، ولكن عندما تضيف كلًّا من الفروق الدقيقة على طول المسار الذهبي المتبقي، ستكون قد بدأت في فك شفرة قصة مصيرك. الهبة هي ما يظهر عندما تغير موقفك من الحياة من خلال عدم السماح لنفسك بالتصرف كما لو كنت ضحية. بالإضافة إلى ذلك، فإن هبتك التطورية تضعك في جسدك المادي. إنها أداة مساواة رائعة لأنها تجعلك تشعر بالمساواة مع كل إنسان آخر. نأتي

جميعًا إلى العالم مع تحدٍ، واستعدادنا لاحتضان هذا التحدي يحدد قوة روحنا.

السيدهي

من المهم اعتبار شريكي البرمجة هذين - المفتاحين الجينيين لـ عمل حياتك وتطورك - كحقل وعي واحد يملي عليك صفاتك العبقرية. يمكنك اعتبار الظلال والهبات والسيدهي لجميع شركاء البرمجة من هذا القبيل. السيدهي خاصية تدل على التعبير المحتمل عن حياتك كإنسان مستنير محقق بالكامل. في مفاتيح الجينات، نحمل صورة داخلية لـ السيدهي كنقيض لـ الظل. السيدهي ليست وعدًا ستحصل عليه، وعلينا أيضًا أن نكون حذرين من الوقوع في فخ الأمل. إذا كنت تأمل في هذه الصفات، فأنت تلعب بمهارة في لعبة أن تكون ضحية. إن سيدهي تطورك هو جوهر بداخلك.

إنها تغذي اساس ما أنت هنا للقيام به في الحياة. إنها منحة أعطيت لك لحظة ولادتك، وفي بعض الأحيان في حياتك ستظهر أمامك. كلما تقبلت أنماط الظل بشكل أعمق، كلما شعرت بالتواضع من الداخل لأن السيدهي تنشأ من مشاعر الامتنان الشديدة. إنها تتألق في نقاط رئيسية في حياتنا، والتحديات التي نواجها يمكن أن تولد تلك اللحظات الثمينة عندما نلمح حقيقة ما نحن عليه.

التأمل الخاص بـ تطورك

أُستخدم الملف الهولوجيني في بداية ظهوره لأول مرة كاستشارة شخصية أو "قراءة". عندما يوضح لك شخص ما ملفك الهولوجيني، فإن ذلك يعد ثانوياً على حد تعبير من قدم لك الاستشارة. وبينما أن ذلك يخدم الغرض منه في ذلك الوقت، إلا أنه لا يسمح للجمال الحقيقي لهذه المعرفة بالظهور على النحو المنشود. لقد استغرق الأمر بعض الوقت لإدراك أن مفاتيح الجينات والمسار الذهبي عبارة عن أدوات للاستنارة الذاتية. تنبع بالحياة بداخلك وأنت تفكر فيهم. بدلاً من تلقي الحكمة من جهة ثانية، لديك الآن كل الأدوات التي تحتاجها لفتحها بنفسك، داخل نفسك. إن البصيرة الفردية التي تنشأ بشكل طبيعي من روحك هي ذات فائدة أكبر لك من كل الحكمة التي يمنحها لك شخص آخر، أيا كان.

عندما تبدأ في التأمل في مفاتيح الجينات التي تشكل مسارك الذهبي، فمن الأفضل أن تضع النقطة المذكورة أعلاه في الاعتبار. هذه هي رحلتك وسوف تستغرق الوقت الذي تحتاجه لإتمامها. إذا كنت صبورًا، فسوف تمنح حدسك المساحة التي يحتاجها لاستيعاب هذه المعرفة وهضمها واستخراج العناصر النشطة التي تحتاجها لتغذية روحك. أثناء قيامك بتطبيق عمليات تنشيط الخط لـ مفاتيح الجينات الخاصة بك، فإن الأمر يستحق القراءة والنظر في جميع الخطوط الستة، حتى تلك التي لا يبدو أنها تنطبق عليك مباشرةً. تحكي جميع الخطوط نفس القصة، ومعرفة هذه القصة تساعدك على تحديد مكانك الخاص داخل الكل.

الخطوط الستة لـ تطورك

الخط الاول - الذات والتمكين

في فلك عمل حياة الفرد، تم الإشارة إلى الخط الأول باسم "المبتكر". في فلك تطور الفرد، يصبح الأمر متعلقًا بالتمكين الذاتي. يدور تسلسل التنشيط الخاص بك حول اكتشاف عبقريتك في الحياة، بغض النظر عن الخط الذي قمت بتنشيطه. إذا كان لديك خط أول من التطور، فمن المحتمل أن يكون التحدي الأساسي حول مدى شعورك بالثقة بالنفس أو عدم ملائمة ما تشعر به. كتصنيفك مبتكر قد تشعر أحيانًا أنك أسوأ عدو لنفسك. لك طريق خاص. هذا لا يعني أنه لا يمكنك طلب المساعدة والدعم من الخارج، لكن من المقترح أن الإجابات يجب أن تأتي من داخلك. يعتمد قوس (مدى) تطورك على التعمق في وحدتك وإيجاد القوت هناك. لا أحد يستطيع تمكينك أو عدم تمكينك. يمكنك فقط أن تفعل هذه الأشياء لنفسك. عندما تواجه هذا التحدي بشجاعة، ستعمل هباتك دائمًا على تمكين الآخرين من العثور على نفس القوة الداخلية بداخلهم. هذا شيء للتفكير فيه جنبًا إلى جنب مع مفتاح الجين لـ تطورك.

الخط الثاني – العاطفة والعلاقات

بينما يحتوي الخط الأول على الجوهر السري لمفتاح الجين، فإن الخط الثاني يدور حول التعبير عن هذا الجوهر. إذا كان الخط الأول بذرة، فإن الخط الثاني سيمثل شتلة. لذلك فإن الخط الثاني لديه مجموعة مختلفة جدًا من التحديات.

هذا يتعلق بالتعبير غير المقيد عن الطاقة كشغف، والشغف دائمًا ما يلفت انتباه الآخرين. عندما تفكر في المفتاح الجيني لـ تطورك، تخيل كيف

يمكنك التعبير عن الصفات الموجودة فيه بشغف. تخيل الظل عبر الغضب، دون إدراك العواقب. قد يفسر لك هذا بعض صعوبات علاقاتك في الحياة. يتعلم الخط الثاني دائمًا بشكل مكثف من خلال العلاقات. المعضلة في الخط الثاني كأسلوب حياة هو أن طبيعته غير واعٍ لذاته. أما في تردد الهبة والسيدهي، يكون الوضع أكثر أماناً وله تأثيرٌ مفيد جداً، ولكن عند تردد الظل يكون كارثيًا. الطاقة السلبية التي يتم التعبير عنها دون وعي، سواء من خلال الأفعال أو الكلمات، تكون دائمًا مدمرة.

إذا كان لديك سمة الخط الثاني في عمل حياتك وتطورك، فإن التحدي الذي تواجهه هو الاستماع إلى ملاحظات الأشخاص الأقرب إليك ومراقبتها. إنها توفر دائمًا مرآة واضحة جدًا للتردد الذي يتحرك من خلالك. في النهاية، ستصبح منسجمًا للغاية مع بيئتك لدرجة أنك ستوقف نفسك قبل أن تتصرف من خلال نمط سلبي. عندها سيظهر شغفك الحقيقي ببراءة ويقابل بالقبول والامتنان.

الخط الثالث. الطاقة والتجربة

قد تتذكر أن الخط الثالث يدور حول التغيير. عندما تفكر في الخط الثالث لا تطور، فأنت بحاجة إلى النظر إلى مفتاح الجين هذا باعتباره رحلة. كيف ستتعامل مع هذا الميراث الجيني الذي وُهبته في حمضك النووي؟ الحياة بالنسبة لك تدور حول التجربة وليس النتيجة. سواء بدء سعيك في الحياة ينجح أو يفشل، فالأمر كله يتعلق بالرحلة والتجربة وماذا تعلمته

خلال ذلك. دعونا نلقي نظرة على مفتاح الجين السادس وخمسين مع ظل الإلهاء وهبة الإثراء كمثال.

إذا كنا نفكر في موضوع من الخط الأول هنا، فسيكون كل شيء عن تشتيت الانتباه بسبب القضايا الداخلية في ذاتك، على سبيل المثال المخاوف و / أو الهواجس. إذا كان الخط الثاني، فسيكون التشتيت هو العلاقات، وإذا كان الخط الثالث، فسيكون حول التجارب. لذلك قد تكون من النوع الذي ينجذب إلى تجربة تلو الأخرى كتشتت عن ذلك الذي يثري روحك حقًا. عندما تتخلى أخيرًا عن فكرة أنك ستحصل على شيء من كل تلك التجارب، فإنك تبدأ في إدراك أنك قد تعلمت الكثير بالفعل على طول الطريق. ثم يمكنك استخدام تجاربك (الجيدة والسيئة) لإثراء الآخرين، وهذه تصبح هبتك. عندما تقوم بتطبيق الخطوط على مفاتيح الجينات بهذه الطريقة، فإن قصة حياتك ستأتي في منظور جديد.

الخط الرابع – الحب والمجتمع

مع الخط الرابع لا تطور، من المرجح أن يكون التحدي الأكبر في حياتك هو إيجاد توازن بين أن تكون وحيدًا وأن تكون مع الآخرين. كيف ستجمع بين حاجتك لخدمة الآخرين وحاجتك لمساحتك الخاصة؟ عند ترددات الظل، يميل الخط الرابع للتأرجح بشدة والانتقال من طرف لآخر، بين كونه لوحدة في عزلة أو مع تواجده بين الآخرين، مما يسبب الانهيار من الإرهاق أو ينتهي به الأمر إلى الانقطاع عن الآخرين.

مع الخط الرابع، يكون الموضوع دائمًا هو الحب – حب البقاء مع الأصدقاء وحب صحبة الذات. في الحياة المنتعشة، يتدفق الحب بحرية بين هذين القطبين بإيقاع طبيعي وسهل. كخط رابع، قد ترغب في عرض مفتاح الجين لـ تطورك كسمة مصممة لمشاركتها مع الآخرين. كلما شاركت هبتك، زاد تعزيزك لنفسك وزاد تأثيرك. هبة الخط الرابع هي لمس قلوب الناس وإحضارهم إلى وجهة نظرهم، طالما أنها وجهة النظر الأكثر أخلاقية. من بين جميع الخطوط الستة، أنت الأكثر استعدادًا لإقناع الآخرين بأهمية اتباع نهج قائم على ما تحتويه قلوبهم من شغف في أي موقف.

بالإضافة إلى ذلك، فإن الخط الرابع لدية رؤى وبراعة خاصة في التواصل، مما يجعلك قوة جبارة في أي مجتمع أو عمل تجاري.

الخط الخامس – القوة والاسقاط

يدور الخط الخامس من التطور حول الإسقاط/إطلاق الاحكام واستخدام القوة. كخط خامس لديك "مَلَكَة خاصة" مدمجة - نوع من الغموض يظهر من خلال حضورك/هالتك. هذا ليس شيئًا يمكنك فعل أي شيء حياله لأنه فطري بطبيعته. لذلك عليك أن تكون مدركًا تمامًا للتأثير العميق الذي تحدثه على الآخرين. سوف ينجذب الناس إليك بشكل طبيعي، بغض النظر عنما تمثله. في ترددات الظل، ينتهي هذا دائمًا بخيبة أمل لك وللآخرين. ما لم تكن مدركًا لقوتك، فمن المحتمل أن يساء فهمك من قبل الآخرين، لذلك من أهم الأشياء بالنسبة لك أن تتعلم كيف ومتى تعبر عن نفسك. عندما تكون شغوفًا بشيء ما، يمكنك أن تأسر الآخرين من خلاله وقد يكون لديهم جميع أنواع الإسقاطات الخفية عنك والتي ليس لها أساس في الواقع. ما يعنيه هذا هو أن الخط الخامس يجب أن يتعلم عن الحدود الشخصية والمهنية. عندما تعبر عن نفسك بموازنة ووضوح فإنك تقلل من مخاطر سوء الفهم. عند التفكير في مفتاح الجين لـ تطورك، فكر في مدى سهولة إساءة فهم الآخرين لهذه الهبة العظيمة لديك. ستتمكن بعد ذلك من الاستفادة الكاملة من حقل الإسقاط الخاص بك لـ خط الخامس.

الخط السادس - التعليم والتسليم

يسرد الخط السادس سردًا ثريًا للغاية على مدار حياته. على عكس بقية الخطوط الأخرى، فإنه يمر عبر القصة الكاملة للخطوط السابقة في عمر واحد! بالنسبة للخط السادس، هناك الكثير لتعلمه قبل أن تتحقق أحلام المرء. بالإضافة إلى ذلك، بحلول الوقت الذي تنضج فيه بما يكفي حتى

تصلك الحكمة، سيكون فهمك لأحلامك قد تغير. هذا هو السبب في أن التسليم هو أحد القواعد الأساسية للخط السادس من التطور. سوف تحتاج إلى تعلم الثقة في الأقدار، عندما تقوم بتطبيق سمة الخط السادس على المفتاح الجيني لـ تطورك، فمن المفيد النظر إليها على أنها موهبة تخص الناضجين.

الخط السادس يدور حول الرؤية طويلة المدى. هذا هو السبب في أن التعليم جزء مهم من حياتك. من خلال تجربتك الخاصة سوف تتعلم أن الحياة تعرف أفضل في النهاية، وهذه الثقة في الحياة هي التي يمكنك جلبها إلى العالم كنموذج يحتذى به. التعليم لا يفرض وجهات نظر - بل يستخلص ما هو موجود فعلياً في داخلك. يضيف الخط السادس سمة شهرة كبيرة إلى أي مفتاح جيني ملتحق به. هذا شيء أعمق من النجاح أو القدرة على التأثير. يتعلق الأمر أكثر بالاستثمار في مستقبل أكبر لنا جميعًا. بهذا المعنى، فإن الخط السادس مستعد للتضحية بالأهداف الشخصية من أجل هدف جماعي أوسع، وحتى هذا لن ينضج إلا بعد فترة طويلة   من   عمر   الفرد.

6- مسار الاختراق

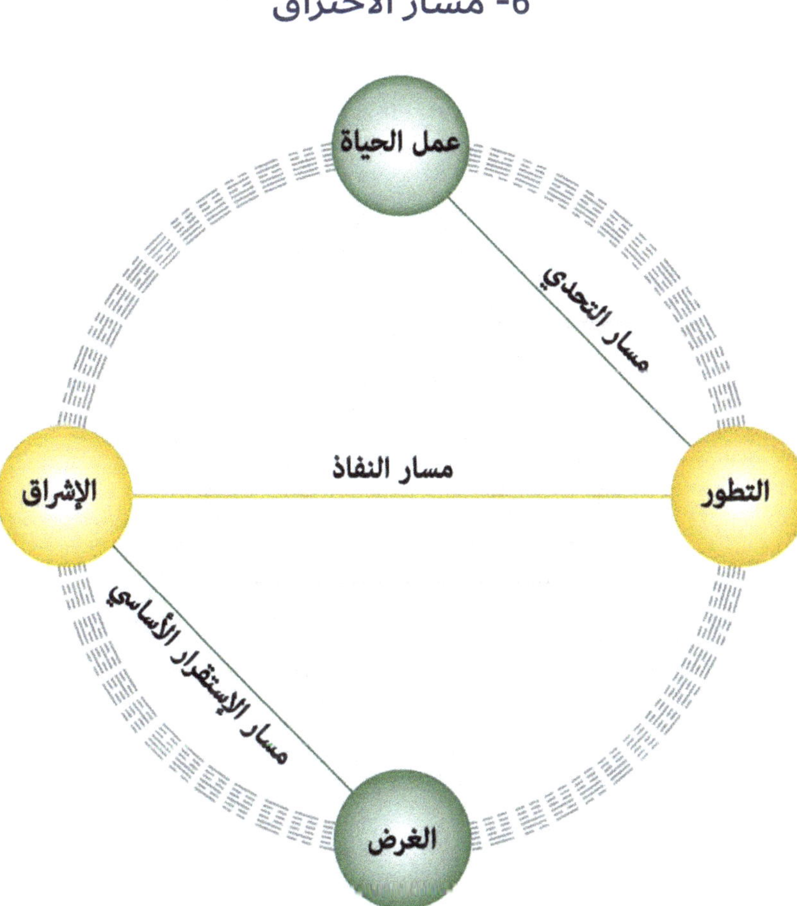

مسار الاختراق

الخروج من مسار التحدي الأول يظهر الخطوة التالية على طول المسار الذهبي - مسار الاختراق. كما رأينا، كل ظل يحتوي على هبة، ويتجسد هذا هنا في الأركيتايب الديناميكي لا اختراق. بمجرد أن تبدأ في السماح لـ ظلالك الداخلية وقبولها واحتضانها، تحدث المعجزة - ينفجر شيء كان مخفيًا بداخلك. الاختراق موجود دائمًا في داخلنا. تطورنا يعتمد على الاختراقات. تتطور الجينات نفسها من خلال اختراقات غير متوقعة تسمى الطفرات، وتؤدي العديد من الطفرات بمرور الوقت إلى تحول - ظهور شكل أو سلوك جديد تمامًا.

إن تأملك المستمر وزيادة الوعي الذي يأتي معه هو ما يؤدي إلى حدوث اختراق. زيادة الوعي حافزًا قويًا للتغيير - وهو في الواقع شرط أساسي للتحول. الغرض من المسار الذهبي هو أن يعرض لك العقبات الرئيسية في حياتك اليومية كأنماط سلوكية جسدية، عاطفية وعقلية. في هذه المرآة التي تراها في مسارك الذهبي ستتعرف بشكل أعمق على القوى التي تقود مصيرك في العالم الخارجي.

عندما تنظر إلى ملفك الهولوجيني، ستلاحظ أن مسار الاختراق يربط بين زوجين من شركاء البرمجة الذين يشكلون تسلسل التنشيط الخاص بك. عمل الحياة والتطور هما الحافة الخارجية لحياتك (الجزء الواعي)، ويظهرون منك على هيئة أنماط سلوكية في العالم الخارجي المتجسد. في

المقابل، يمثل الإشراق والغرض الحافة الداخلية لحياتك (الجزء اللاواعي)، ويؤثرون على النماذج النمطية في اللاواعي لديك.

هذا هو السبب في أن هذا المسار الثاني يولد اختراقاً (بين انماطك الواعية واللاواعية)، وكلاهما يحفز ويعمل على تنشيط الهبات الرئيسية لديك.

نظرًا لأن وعيك يتعمق أكثر في أنماط الظل، فإنه يكشف شيئًا كان مخفيًا عنك في السابق. عندما نشير إلى الضوء في حمضك النووي، أو "الغرض الأسمى المخفي في حمضك النووي"، فهذا ما نقصده.

هناك قدر كبير من الطاقة الكامنة مخزنة داخل تلك اللفائف الجينية بداخلنا.

يدور تسلسل التنشيط حول اكتشاف عبقريتنا في الحياة. هذه العبقرية، كما سنرى، لا تتعلق بمهنة أو مهارة بقدر ما تتعلق بجودة الوعي.

تظهر الهبات العبقرية على شكل تدفق يمر خلال الجسد المادي، وكيف يُعبر عنها متروك للفرد. بالنسبة للبعض يأتي كل شيء دفعة واحدة، بينما يظهر للبعض الآخر بمرور الوقت. لأغلب الناس، يعتبر الاختراق عملية مستمرة. إنه "اختراق" يأتي ويذهب مع تعمق تفكيرك. تأتي الاختراقات احيانا على هيئة رؤى ذهنية - على سبيل المثال للاختراق، حالة فجائية ينتهي فيها نمط من الانكار لمعتقد او قناعة معينة.

تبدو الاختراقات الأخرى عاطفية بحتة، ويمكن أن تؤدي إلى انفعالات ومشاعر عاطفية شديدة، وغالبًا ما تكون مصحوبة بالدموع. مهما كانت

تجربة الاختراق الذي حققته، يجب أن تعلم أنه جسدي في المقام الأول. يبدأ على شكل انفجار للضوء في مكان ما بداخل جسدك الخلوي.

7- فلك الإشراق

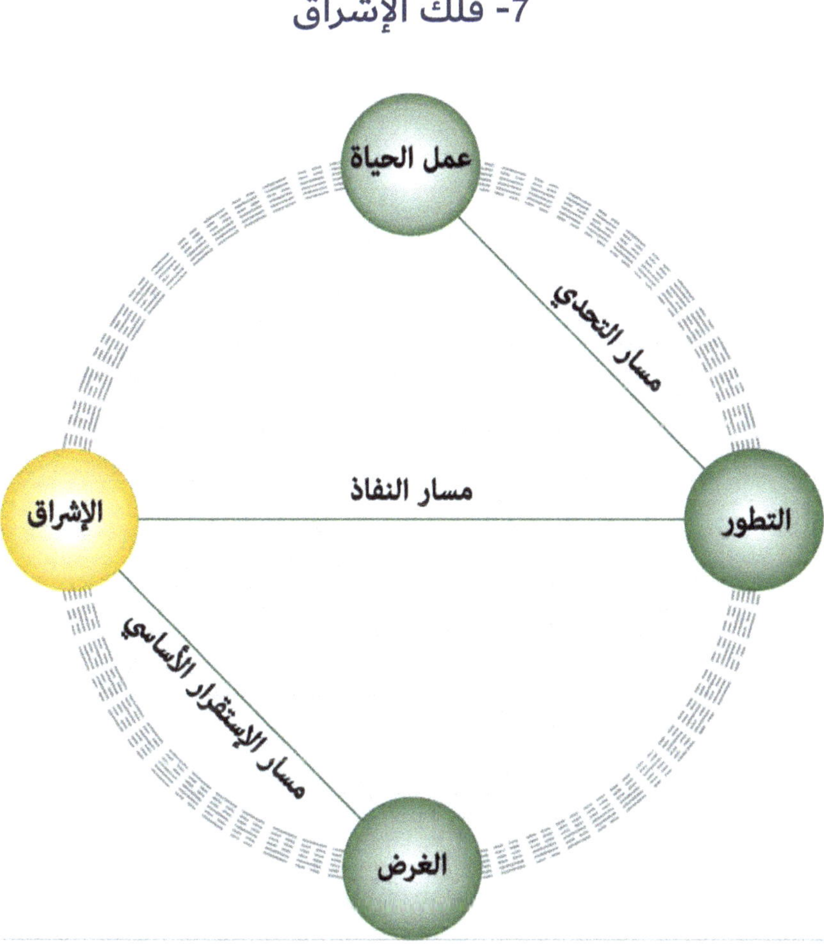

فلك الاشراق الخاص بك

قد تتساءل لماذا وكيف يمكن أن يكون الضوء مغلقًا بداخلنا. قد يبدو الأمر خياليًا أو حتى غريب. الحقيقة هي أن كل شيء يُكون شكل في الكون مصنوع من الضوء. الفراغ حول الشكل هو الظلمة التي ينشأ منها الشكل كضوء. المبدأين ينتميان إلى بعضهما البعض، يلد كل منهما الآخر باستمرار وفي نفس الوقت يحدد كل منهما الآخر. في شكلك، الجسد الذي يلتف حولك وأنت تقرأ هذه الكلمات، يوجد بداخله ضوء عظيم في حالة اشتعال. يحدث التطور المادي (الذي تتكون منه الاشكال) عندما يتحرك هذا الضوء (الداخلي) بطريقة جمعية عبر كل الأشكال البشرية، مما يدفعنا إلى الأمام في الفهم، ويحثنا ليس فقط على البقاء على قيد الحياة، ولكن أيضًا على الازدهار كفصيلة بشرية. ومع ذلك، فإن التطور الروحي يدعم التطور الجسدي. في الواقع كلا شكلي التطور هما جزء من مبدأ واحد، مع التطور الروحي باعتباره البذرة والتطور الجسدي يتبعه كالثمرة.

يظهر التطور الروحي لدى الأفراد على أنه اختراق. يجد الضوء الداخلي طريقه للخروج من حمضنا النووي ويغمر أجسادنا المادية. هذا ما نشير إليه بـ إشراقك. يملي إشراقك صحتك وحيويتك وشيء أكثر ضبابية - هالتك. هالتك هي الشفق الكهرومغناطيسي لجوهرك الداخلي. لا يمكن رؤيتها بالعين المجردة مباشرة، ولكن يمكن الشعور بها بالحدس البشري. يعمل إشراقك أيضًا كأداة خفية للحدس الخاص بك. إنه يحذرك من التهديدات المحتملة في البيئة من حولك. مثل جهاز " تحديد المواقع

GPS satnav" يرشدك في العثور على الخبرات والأشخاص المناسبين في الحياة.

الظل

يعد الظل لـ إشراقك أحد أقوى القوى الداخلية التي يمكن أن تقوض حياتك. عندما تفكر في إشراقك، يجب أن تنظر بعمق في هذا النمط لأنه يمثل قوة تحفيز مخفية في اللاواعي لديك.

عندما تسمح لهذا الظل بالتحكم في حياتك، فستجد نفسك خارجًا عن السيطرة مع إيقاعات الحياة الطبيعية. تتحرك الأرض وجميع أشكال الحياة عليها وفقًا لنبضات قلبها العميقة المعروفة باسم رنين شومان. هذه نبضة قابلة للقياس تدعم كل الحياة العضوية.

يعيش معظم البشر المعاصرين حياة غير متزامنة مع هذا النبض العضوي للأرض، مما يجعل أجسامنا في حالة ضغط عالية ويضعف جهاز المناعة لدينا، ويؤثر على الطريقة التي نتصرف بها في حياتنا اليومية. مما يؤدي إلى نمط حياة قلق ومتسارع ونظرة خاطئة للوقت متجذرة في عدم الثقة اللاواعي في التدفق الطبيعي للحياة.

الهبة

من أولى العلامات التي تدل على أن إشراقك قد تفعل هو أنك تبدأ بشكل طبيعي في التباطؤ بداخلك وفي حياتك اليومية. تصبح شخصًا أكثر تأملًا. هذا لا يعني بالضرورة أنك تفكر أكثر في الأشياء - بل يعني أن

تصبح أكثر استقرارًا داخل جسدك. تبدأ في التحرك بانسجام مع الأرض (الطبيعة)، بحيث تصبح على الفور أكثر تماسكًا. يظهر اشراقك كنبض من الضوء من خلال هالتك، وكلما تعلمت مواءمة جسمك مع رنين شومان، كلما ظهرت هباتك في المقدمة. ظهور اشراقك له تأثيران رئيسيان على حياتك. أولاً، ستصبح أكثر صحة لأنك تشعر بأنك مستصح من الداخل. سوف يميل إشراقك إلى إرشادك نحو عادات صحية، والتي يمكن أن تكون جزءًا من اختراقك. وبالطبع، عندما تكون بصحة جيدة، ستشعر بالسعادة - ولكن ليس لأي سبب خارجي - يرسل نظام الغدد الصماء إشارات في جميع أنحاء جسمك تفيد بأن كل شيء على ما يرام، مما يؤدي إلى إطلاق الإندورفين على سبيل المثال.

التأثير الثاني للا اشراق الخاص بك هو تحفيز الحظ الجيد من خلال مبدأ التزامن. يؤدي الانسجام مع البيئة الكمية الأوسع إلى فتح الغرض الأسمى داخل الحمض النووي الخاص بك، ويبدأ مصيرك الحقيقي بالتجلي.

السيدهي

سيدهي إشراقك هو انبثاق ينبعث من جوهر وجودك. هناك حالات وعي تتجاوز ما نشير إليه بالعبقرية، وهي السمات التي تظهر فيك عند تفعيل الهبات الخاصة بك. ما وراء هباتك يكمن عالم السيدهي، والذي نشير إليه باسم "الهبات الإلهية". إن السيدهي لـ إشراقك ليس بالأمر السهل وصفه بالكلمات.

سمعنا قصصًا على مدى التاريخ عن البشري عن ناس تألقوا بنور داخلي أو بـ إشراق. غالبًا ما نرى صورًا في الاعمال الفنية الدينية المشهورة، لقديسين أو بوذا مع هالات حول رؤوسهم. هذه الصور ليست رمزية فقط، والعديد منها يستند إلى روايات واقعية عن ظواهر حدثت لكائنات بشرية حية. في العصر الحديث منذ الثورة الصناعية حيث يعيش الكثير من الناس بشكل غير منسجم مع إيقاعات الوجود الأكبر، نادرًا ما نرى أمثلة على ظاهرة الإشراق الحقيقي. عندما تتأمل في اشراقك، احتفظ بداخلك بإمكانية حدوث مثل هذه الحالات. هذا وحده سوف يساعد على رفع وتيرة الهالة الخاصة بك.

الخطوط الستة لـ اشراقك

الخط الأول - العزلة

يتطلب خط الاشراق الأول العزلة من أجل تحقيق اختراق. ومع ذلك، يجب ألا تأتي العزلة بإجبار. يجب أن تصبح حبًا عميقًا. عندما تنظر إلى المفتاح الجيني لـ إشراقك، مع الخط الأول، ففكر في كيف قد يزعزع الظل هدوءك الداخلي.

العزلة ليست متطرفة - بل هي حالة داخلية. يمكنك أن تكون في علاقة صحية ولا تزال تستمتع بعزلة لا نهاية لها. ويمكن وصف العزلة في كلمات الشاعر ريلكه: "أن تتجول داخل نفسك ولا تقابل أحدًا لساعات". كلما استرخيت بعمق في إشراقك، كلما أصبحت وحيدًا وفي نفس الوقت أصبحت أكثر ارتباطًا، إنها مفارقة رائعة. يبدأ كل اشراق، بغض النظر عن

الخط الذي يتم ترشيحه من خلاله، كاختراق من خلال حب عميق للعزلة. مقياس إشراقك هو مدى قربك من الآخرين وليس مدى بُعدك، وفي هذا دعوة جديرة للتأمل العميق. إذا كان لديك خط أول من الاشراق، فستحتاج بلا شك إلى قضاء بعض الوقت في عزلة جسدية، وقد يكون لهذا أيضًا تأثير على مكان وكيفية اختيارك للعيش.

الخط الثاني - الاقتران

على الرغم من أن الخط الثاني من الاشراق هو مفتاح كلمة "الاقتران"، إلا أنه لا يجب تفسيره حرفيًا. تزدهر جميع الخطوط الثانية في العلاقات الفردية، ولكن هذا يمكن أن يعني أشياء كثيرة.

يتطلب إشراقك التفاعل الحيوي بدلاً من الظهور ببساطة في عزلة مثل الخط الأول. هذا يعني أن اشراقك قد يظهر عندما تكون في الطبيعة، أو عندما تكون في حالة حركة أو كليهما. أنت ببساطة بحاجة إلى أن تكون في علاقة قوية مع شيء ما أو شخص ما. عندما تنظر إلى المفتاح الجيني لـ إشراقك، فكر في كيف يمكن أن يتدفق منك بشكل طبيعي إلى نوع من العلاقة في حياتك. ماذا تحب القيام به؟ مع من تحب أن تكون؟ بماذا تقترن قوة حياتك؟ هذه هي الأسئلة التي يجب التفكير فيها لأن هذه هي المنافذ المحتملة لـ إشراقك. غالبًا ما تجد الخطوط الثانية شيئًا أو شخصًا أو مكانًا محدداً يضيء اشراقها، وحتى تولي اهتمامك لتلك العلاقة، ستظل إشراقتك غير متصلة بك!

الخط الثالث – التفاعل

مثل الخط الثاني، يحتاج الخط الثالث من الاشراق أيضًا إلى التفاعل الحيوي ولكن بطريقة مختلفة تمامًا. يحتاج الخط الثالث إلى التنوع والتغيير بعكس الخط الثاني الذي يحتاج إلى التفرد. إذا كان لديك اشراق من الخ الخط الثالث، فمن المحتمل أن تزدهر أثناء التنقل. قد تحب السفر، أو تحب مكانًا لأنه يوفر الكثير من التنوع. من المحتمل أيضًا أن يستمتع الخط الثالث بالبيئة الحضرية مع إمكانياتها العديدة بقدر ما تتمتع به البرية. بالنسبة لك، فإن الإشراق هو كل شيء عن التفاعل. لا يتعلق الأمر بنتائج التفاعل بقدر ما يتعلق بالتبادل نفسه - سواء كان ذلك أفكارًا أو خبرات أو معرفة أو عملًا وما إلى ذلك. يجب أن يكون الخط الثالث من الاشراق في حالة إثارة في حياته. يحتاج إلى الانتقال من خلال جميع أنواع التجارب من دون أن يصبح مرتبطًا بشكل مفرط بأي تجربة محددة. قد يأتي اختراقك عندما تتخلى عن فكرة وجود أهداف أو توقعات وتستمتع ببساطة بالعوم في العديد من مراحل حياتك. سيأخذك امتلاك خط ثالث من الاشراق عبر جميع أنواع تجارب الحياة التي قد تجعلك شخصًا عطوفًا للغاية. لهذا السبب، يجد العديد من الأشخاص الذين لديهم خطوط ثالثة أنفسهم يساعدون أولئك الأقل حظًا منهم.

الخط الرابع – الصداقة

يمثل الخط الرابع لا اشراق مسار العمل الإنساني. هذا إشراق متجذر في العزلة، لكنه موجه نحو الخارج لمساعدة الآخرين، وعلى وجه التحديد الناس. مع اشراق الخط الرابع سيكون لديك قدرة مغناطيسية لجذب الناس نحوك. ومن المفارقات في تردد الظل أن هذا يعمل ضدك لأنك

ستجذب هؤلاء الناس تجاهك بطريقة غير صحية لك. ومع ذلك، عند الترددات العالية، يمكنك أن تكون النقطة المحورية لجميع أنواع الأشخاص الموهوبين. إذا كان لديك خط رابع من الاشراق، فهذا يجعلك شخصًا مؤثرًا للغاية في العالم، وكلما كانت تطلعاتك أكثر نقاءً، كلما زاد وصولك. على المستوى الشخصي، يزدهر جسمك عندما تكون بصحبة من تحبهم وتثق بهم. لذلك فإن أسوأ شيء يمكنك فعله هو عزل نفسك عن مجتمعك. نظرًا للطاقة الخط الرابع، فهو غالبًا ما يتمتع بمهارات الأشخاص الأكثر دقة ويزدهر في العمل في كفريق. في أعلى مستوياته، يمكن لإشراق الخط الرابع أن يصل للناس ويفتح قلوبهم.

الخط الخامس – التأثير

يحتوي الخط الخامس من الاشراق على غرض سامي مصمم ليكون له تأثير واسع في المجتمع. من بين جميع الخطوط، يعتبر الخط الخامس من الاشراق الأكثر خداعًا وغموضًا. إذا كان لديك خط خامس ك إشراق، فسيشعر الآخرون دائمًا أن هناك شيئًا مميزًا عنك، وأنك قد تكون قادرًا على مساعدتهم بطريقة ما. لا يهم ما هو دورك الخارجي - فالناس ينجذبون حقًا إلى الجوهر الداخلي. إذا كنت تخجل من قوتك، فسوف تخفي نورك تحت مظلة. كخط خامس، قد تشعر أن الآخرين لديهم توقعات غير واقعية عنك، وقد يكون هذا صحيحًا، لكن يجب ألا تدعه يمنعك من التأثير الإيجابي في العالم. أنت قائد بالفطرة، وستسعى هبتك دائمًا إلى منفذ عملي. طالما أنك واضح تمامًا مع نفسك والآخرين بشأن ما تعد به، فستستمر سمعتك في النمو.

يتمتع الخط الخامس بإمكانيات كبيرة في عصرنا التكنولوجي الحالي، نظرًا لأنه يتمتع بطبيعة الحال بمدى عالمي. أثناء التأمل في هباتك، يمكنك التفكير في كيفية استخدامها بهذه الطريقة لإحداث تغيير وتحول مفيد في المجال الذي تختاره.

الخط السادس– التنشئة

إذا كان لديك خط سادس من الاشراق، فمن المحتمل أن يكون لديك حلم عميق بداخلك. قد يكون هذا الحلم شيئًا نما معك منذ الصغر، وهو حلم يتطلب رعاية مستمرة. سوف يمر حلمك بالعديد من الطفرات على مدار حياتك، ومن المهم ألا تفقد الأمل. يحتوي إشراقك على المكونات النشطة الضرورية للمغناطيسية (الجذب) والخبرة لتحقيق حلمك. مع الخط السادس، قد لا يكون لديك صورة واضحة للحلم بداخلك، على الرغم من أنك ربما تشعر بوجوده. لذلك عليك أن تتحلى بالصبر الشديد بينما يتكشف الحلم. كل تجربة تأتي في طريقك هي فرصة لتلميع الحلم وإعطائه مزيدًا من التعريف. قد تبدو بعض التجارب وكأنها تحطم شكل الحلم حتى يمكن إصلاحه بطريقة أوضح وأكثر عملية. كخط سادس اشراق، تم تصميم هبتك لتظهر على المدى الطويل - كدافع في طليعة التطور البشري. لهذا السبب، يجب أن تأخذ وجهة نظر طويلة الأمد وتستمر في رعاية نيّتك العميقة في أن تكون في خدمة الكل. بمرور الوقت، سيظهر الحلم وسيصبح دورك في الصورة الأكبر واضحًا تمامًا، سواء بالنسبة لك أو للآخرين.

8- مسار الاستقرار الأساسي

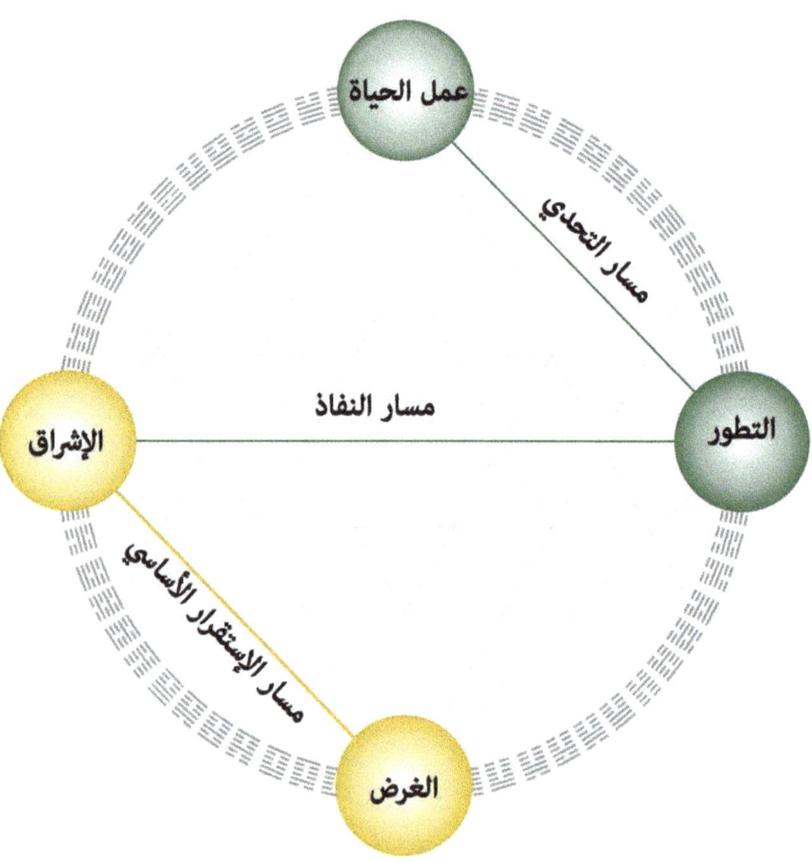

مسار الاستقرار الأساسي

الاستقرار الاساسي هو المكافأة المحتملة للاختراق. يعتمد تسلسل التنشيط على كيفية تعاملك مع تحديات حياتك. بغض النظر عن هويتك أو المكان الذي تعيش فيه، ستلقي عليك الحياة دائمًا بالتحديات. هذه الحقيقة مكتوبة في التطور نفسه. يجب أن نحتضن التغيير وإلا فإننا سوف نتعثر. الطريقة التي نتعامل بها مع تحدي التغيير تحدد ما إذا سيحدث اختراقًا أم انهيارًا أم انفصال. تعلمنا مفاتيح الجينات أن قدرتنا على الازدهار في الحياة تعتمد على الحفاظ على موقف عالي التردد وهذا يحدث عندما نمتلك ونفهم ونقبل ميول الظل الخاصة بنا. عندما نكون قادرين على القيام بذلك، فإن التحديات التي نواجهها تجعلنا أقوى وأكثر تماسكًا بدلاً من الاستياء والمزيد من الانهيار. في كل مرة نسمح فيها بتحويل نمط الظل، يتجسد المزيد من عبقريتنا في العالم.

يتمثل مسار الاستقرار الأساسي في أن تصبح أكثر ترسخًا وراحة في جسدك المادي. يتعلق الأمر بأن تصبح أكثر انسجاما مع التيارات المغناطيسية العميقة التي تتحرك عبر الأرض وحولها. بدلاً من جعلك أكثر صلابة، يجعلك أكثر قدرة على تعديل وضعك بشكل مرن فيما يتعلق بالأحداث الخارجية والداخلية. الاستقرار الأساسي يدل على القوة الداخلية. داخليًا، يتعلق الأمر بالاستجابة للحياة بدلاً من التفاعل معها.

خارجيا الاستقرار الأساسي له علاقة أقل بالقوة العضلية وأكثر من ذلك يتعلق بالشد، مرونة الأعصاب، نسيج الأوتار وحتى العظام. من الناحية

91

الاجتماعية، يتطلب "الاستقرار الأساسي" احترامًا عميقًا لأصول الفرد وثقافته، وفي نفس الوقت رؤية ما وراء حدود هذه الأشياء. الاستقرار الأساسي هو حالة من التوازن الديناميكي والتعاطف الواضح الذي ينتج عندما يبدأ الشخص في العيش والتحرك من جوهره العميق.

يربط مسار الاستقرار الأساسي شريكي البرمجة المعروفين باسم الاشراق الخاص بك والغرض الخاص بك. يمثل هذان الفلكان ومفاتيحهما الجينية القوى اللاواعية التي تدفعك على طول خط مصيرك.

مثل راكب أمواج يركب موجة عملاقة، يجب أن تتعلم ضبط وضعك وتوازنك واتجاهك باستمرار لمواجهة الاضطرابات الغير متوقعة تحت قدميك. قبل أن يحدث الاختراق، يجب أن يصل اندفاع ادراكك إلى أعماق محيط اللاوعي. هذا ما يحدث عندما تواجه تحدياتك في الحياة بصراحة دون أن تتصرف كما لو كنت ضحية.

تخترق لأعمق أغوار إمكانياتك غير المرئية وتفتح الضوء الذي يكمن هناك. الاستقرار الاساسي هو عملية وحق مكتسب في نفس الوقت. يجب أن تطالب بالحق المكتسب لـ غرضك الحقيقي بدلاً من تبديده من خلال التسوية والخوف. كل واحد منا هنا للقيام بشيء قوي، ومسار الاستقرار الأساسي هو القناة الداخلية التي على طولها ستظهر تلك القوة والغرض يومًا ما.

9-فلك الغرض الخاص بك

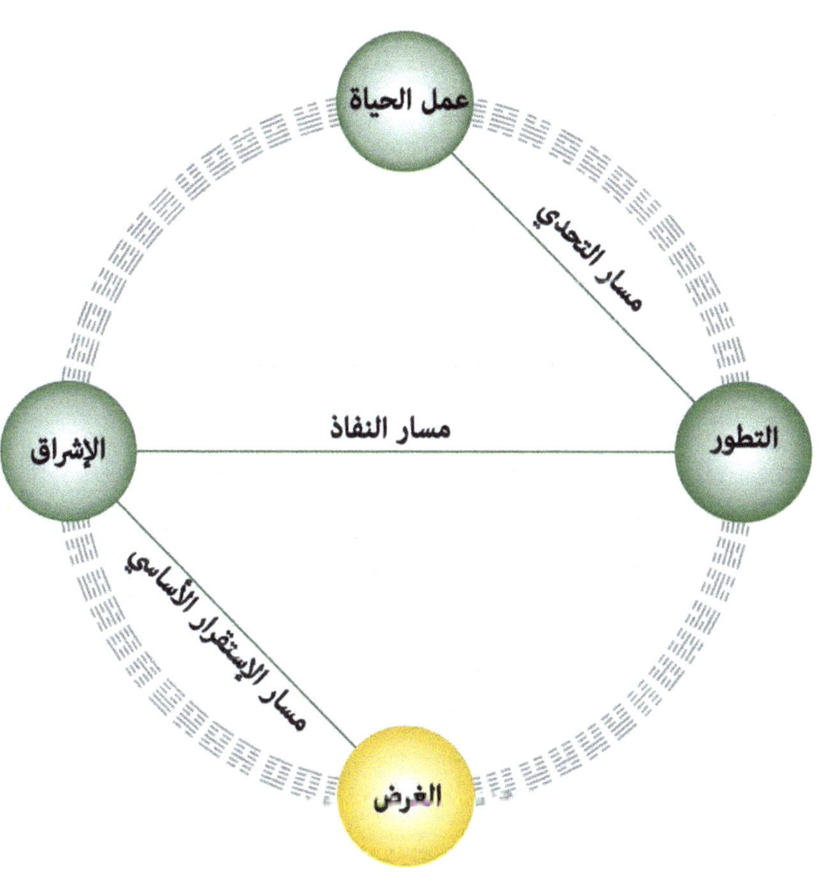

عندما نصل إلى أعماق أنفسنا، نصل دائمًا إلى مسألة الغرض. من السمات الاستثنائية للإنسان طرح هذا السؤال: ما هو غرضي في الحياة؟ ربما نطرح هذا السؤال فقط عندما لا نكون قد حققنا غرضنا الأسمى. تتحدث مفاتيح الجينات عن غرض أسمى بدلاً من الغرض العادي. عندما نفكر في مسألة غرضنا غالبًا ما نفكر في الأمر من منظور ما نحن هنا من أجل القيام به. ومع ذلك، فإن القيام بذلك هو فقط نتيجة ثانوية لوجودنا. هنا في أسفل مسار الاستقرار الأساسي وفي جذر تسلسل التنشيط نفسه تكمن إجابة محتملة لسؤالنا الأقدم.

الغرض ليس حول ما نحن هنا للقيام به. يتعلق الأمر بجودة وعينا. عندما تبدأ في التفكير في مفتاح الجين المرتبط بغرضك، فكر في الأمر على أنه رائحة جوهرك الداخلي الأعمق. غرضك الحقيقي يكمن وراء نطاقك الواعي لأنه مخفي في حمضك النووي. تم تصميم غرضك ليتم فتحه من خلال رحلة الحياة. إنه يدعوك للتطور من خلال تحدياتك ويظهر بشكل تدريجي على مدار حياتك وأنت تمضي في طريق الاختراق والتحول.

غرضك له صفة فريدة أخرى - فهو يمثل جوهر إنسانيتك وطبيعتك الجميلة وحبك للبقاء على قيد الحياة داخل جسد مادي على المستوى المادي. عندما تنظر إلى الخطوط الستة من الغرض، ستلاحظ أنها جميعها تتعلق بجوانب وعناصر عمل جسمك المادي. كإنسان، غرضك هو ملء جسدك بوعيك - غرضك الأعمق ببساطة هو "أن تكون".

الظل

من أصعب الأشياء على الإنسان أن يختبرها هو الأعجوبة البسيطة للوجود. كم مرة في اليوم تتوقف عما تفعله لتشهد لحظة من الوجود النقي؟ يمنعك ظل غرضك من تجربة مثل هذه اللحظات، وكلما استيقظت أكثر لتحقيق غرضك، قد تفاجأ بعدد مرات ظهور مثل هذه اللحظات ومدى سهولة تفويتها.

عندما تتأمل في مفتاح الجين الذي يتعلق بـ غرضك، فكر في كيفية عمل الظل به على مستوى اللاوعي لجذبك بعيدًا عن متعة الحياة البسيطة. نظرًا لعمق نمط الظل هذا، غالبًا ما يكون من الصعب عليك رؤيته وهو يعمل، وسيميل لزعزعة استقرارك باستمرار. عند مستوى تردد الظل لن تشعر بأنك في بيتك في جسدك، وبالتأكيد لن تشعر بالاستقرار والهدوء.

يدور الاستقرار الأساسي حول القدرة على الاستجابة، ولكن في تردد الظل لا نستجيب - بل نتفاعل - نتفاعل مع عدم استقرارنا لأننا لا نشعر بالأمان والتوافق مع جوهرنا أو مع الطبيعة. يؤدي التفاعل أيضًا إلى استمرار نمط التردد المنخفض في العالم لأنه يميل إلى إثارة عدم استقرار الآخرين. وبالتالي، من النادر أن تقابل شخصًا يعيش غرضة الأسمى. قد يعتقد الكثير من الناس أنهم يفعلون ذلك، لكن الأمر الحقيقي لا لبس فيه. سترى شخصًا يعيش حياة من مكان يسوده الهدوء العميق. سترى شخصًا في قرارة منزلة وهو يسير في العالم، مع فهم رحيم لمعاناة الآخرين، وفي مكان ما بداخله قد تشعر بابتسامة داخلية من الفكاهة المتعاطفة والوفاء العميق. عندما تفكر في غرضك، اعتبره صفة جيدة يجب وضعها في الاعتبار!

الهبة

إذا كنت تريد حقًا الانسجام بعمق مع غرضك في الحياة، فهناك طريقة واحدة آمنة للقيام بذلك - قضاء المزيد من الوقت في الاستماع إلى الطبيعة. استقرارنا الاساسي يدور حول الشعور بنبض الأرض بداخلنا. يوجد في قلب الأرض حريق معدني سائل يولد مجالًا كهرومغناطيسيًا يؤثر على جميع أشكال الحياة على كوكبنا. وبما أن عمل حياتك هو انعكاس رمزي للشمس الخارجية، فإن غرضك هو انعكاس رمزي لهذه النار الداخلية السرية في قلب الأرض. تظهر هباتك وأنت تتناغم مع ما هو مخفي بداخلك. للوصول إلى هذا العالم اللاواعي، يجب أن تنتبه إلى النماذج الأولية والأساطير التي تحرك روحك وأمثلة الحياة الأخرى التي ألهمتك. غرضك يربطك بقوة بالماضي، بالحمض النووي لأسلافك والثقافة التي ولدت فيها. ترتكز هباتنا على ذاكرة ماضينا الشخصي والجمعي.

إنها حقيقة واقعة أن هباتنا لا تظهر إلا عندما نتصالح مع ماضينا، حيث نتعلم أن نغفر ونقبل أنماط الظل التي ربما ورثناها عن آبائنا وأجدادنا. كما ستتعلم، فإن غرضك يمثل بوابة أخرى تؤدي إلى سلسلة الزهرة، الرمز الرئيسي لفتح جميع الأنماط العاطفية المتجذرة في ماضينا. ولكن قبل الانطلاق في تلك المرحلة التالية من الرحلة على طول المسار الذهبي، نحتاج أولاً وقبل كل شيء إلى تحقيق مستوى معين من الهدوء الداخلي. نحن بحاجة إلى أن نشهد هبة غرضنا تنبض بالحياة داخل جسدنا المادي بدلاً من مجرد الشعور بها كمفهوم فكري. حتى نتمكن من لمس هذه

الهبة جسديًا ونشعر بأنها تجلب لنا مستوى جديدًا من الاستقرار الأساسي، فنحن لسنا مستعدين لتلك الخطوة التالية في عالم متقلب من المستوى العاطفي.

السيدهي

سيدهي غرضك مميزاً جداً. مثل هبة أعطتها لك الآلهة لتأتي بها إلى الأرض. الغرض من هذه الهبة هو الشفاء الدائم. هذا السيدهي هو سبب تجسدك لأنه يدعم كل ما أنت هنا للقيام به في الحياة. على هذا النحو هو قلب عبقريتك. في الأساطير العظيمة القديمة، قد نتذكر قصص الكنوز أو البلورات المخبأة في أقبية تحت الأرض في أعماق الأرض.

غالبًا ما يتم حراسة هذا الكنز من قبل مخلوق أسطوري مثل التنين، والذي يجب محاربته وهزيمته بعد ذلك. سيدهي غرضك هو انبثاق الأرض نفسها. من المثالي أن تكون هنا لإحضاره إلى المستوى المادي. لذلك يجب عليك الذهاب إلى الداخل وإلى الأسفل من خلال الظل للعثور على هذا الجوهر الداخلي، وحياتك كلها هي رحلة لاستخراج هذا الذهب.

أولئك منا الذين يتمتعون بالامتياز الكافي للحصول على وقت للتفكير في غرضنا يتحملون مسؤولية خاصة تجاه الأرض لإحضار هذا الجوهر إلى العالم. لا يزال هناك الكثير من المعاناة في العالم، وفي كل مرة نجسد جانبًا صغيرًا من المُثل العليا لعالم أفضل، فإننا نحقق غرضنا الأسمى. على مستوى الترددات لم يعد غرضك هو غرضك. بل يصبح دافعًا جماعيًا غير أناني لخدمة الكل.

عندما تتأمل في سيدهي غرضك، فإنك تلمس أعمق إمكانية خفية في حياتك. إذا كنت لا تتأمل في أي شيء آخر عدا ذلك، فسيكون هذا وحده كافيًا لإحداث تحول قوي في حياتك.

الخطوط الستة للغرض الخاص بك

الخط الأول - البدنية (العظام)

قد تتذكر أن الخط الأول من إشراقك يدور حول الحاجة إلى العزلة من أجل تحقيق اختراق. تتطلب هذه العزلة أيضًا أن تولي اهتمامًا خاصًا لجسدك المادي (بدنك) في الحياة. غالبًا ما يتم تشبيه البدن بالمعبد، وهذا هو بالضبط ما يحتاج أن يراه الخط الأول . إذا كان لديك الخط أول من الغرض، فيعني هذا أن طبيعة مفتاح الجين لا غرض راسخة بعمق في بدنيتك. ستكون حياتك أيضًا حياة جسدية للغاية، حيث تكون صحة وحيوية البدن أمرًا بالغ الأهمية. في الوقت نفسه، لا يتعلق الأمر فقط بكونك نقيًا، بل يتعلق بموازنة الصحة مع الاستمتاع الحسي.

مع الخط الأول لا غرض، فأنت هنا للاستمتاع بالحياة - للاستمتاع بالطعام الجيد والنشاط البدني، ولتبليل قدميك من خلال إشراك نفسك في أشياء من الأرض، مثل جرو سعيد يتدحرج على العشب الرطب. سترى أن هذا الخط يتعلق أيضًا بالعظام، العنصر الهيكلي للبدنية البشرية. العظام متبلورة، وتربطنا بأسلافنا مثل الشوكة الرنانة القوية التي تموج بالذاكرة. مع الغرض من الخط الأول ، أنت مدعو لتكون حارس سجلات لأسرار الماضي. ما سيظهر في المستقبل يعتمد على أصولك من أجل البقاء والازدهار.

الخط الثاني - القامة (السوائل)

يعتمد كل خط من الخطوط الستة على أساس الخط الذي يسبقه. وهكذا فإن الخط الثاني يجلب الحركة والتدفق إلى بنية الجسم والعظام. سر الغرض من الخط الثاني هو العمود الفقري. من خلال العمود الفقري تجد استقرارك الاساسي، وعمودك الفقري يملي وضعك الجسدي. العبقرية على سبيل المثال لا تتدفق إلى العالم من خلال وضعية منحنية. العبقري يغني من خلال الجسد، قادمًا من اصطفافنا الداخلي مع قلب الأرض. تكمن قوة العمود الفقري في مرونته، ويخرج إشراقك من سيولة الغرض الخاص بك. هذا لا يعني أن غرضك يتغير دائمًا - بل يتحقق من خلال الفرح الذي تحصل عليه من وجودك في جسد يتجاوب باستمرار مع بيئتك. الخط الثاني هو تعبير عن البنية كتدفق، على عكس السكون. في الوقت نفسه، غالبًا ما يتضمن التدفق أيضًا سكونًا في شكل توقف مؤقت. عندما تتأمل في المفتاح الجيني لغرضك من خلال الخط الثني، ستجد أنه لا يمكن أن تظهر هذه الهبة إلا عندما تتعلم السماح لجسمك باتباع إيقاعاته الداخلية السائلة العميقة. أن تكون في وئام مع الحياة هو أن تجد دائمًا طريق السهولة، وهذا هو جوهر هبة الخط الثاني العظيمة.

الخط الثالث - الحركة (الدم)

التغيير هو جوهر التعليم الوارد في الـ أي تشينغ، والخط الثالث هو الراكب العظيم لتيارات التغيير. عندما يتجلى الخط الثالث من خلال الغرض

الخاص بك، فإن استقرارك الأساسي يأتي من خلال الحركة والطاقة بدلاً من السكون. ليس هذا هو التدفق السهل للخط الثاني، ولكنه انفجار طاقة ديناميكي وكهربائي يدفعك إلى حياة مليئة بالحركة. يرمز الخط الثالث إلى تدفق الدم داخل جسمك، والذي يعتمد على الحركة والتغيير. لك حياة غنية بالسفر والمغامرة والخبرة. يحتاج الخط الثالث من الغرض أيضًا إلى مجهود بدني منتظم وتمارين من أجل الشعور بالحياة والأرض. من خلال التمرين البدني تجد اتصالك بالأرض وإيقاعاتها. يتدفق الدم في كل مكان داخل الجسد، ويصبح غرضك حيًا وأنت تتحرك عبر العديد من المشاهد المتغيرة لمصيرك، من مواجهة لمواجهة. بالنسبة للعديد من الأشخاص، ترتبط فكرة الاستقرار بالانتظام، ولكن بالنسبة لغرض الخط الثالث، يمكن أن يكون الانتظام قوة تحاصرك. هذا لا ينبغي الخلط بينه وبين الالتزام. فالالتزام أمرًا حيويًا لكل خط من الخطوط الستة، ولكن ضمن الالتزام يمكنك أيضًا البناء في أوقات التغيير والتكيف معها.

الخط الرابع - التنفس (الإيقاع)

من المثير للاهتمام التأمل في كل خط من الخطوط الستة لا غرض بغض النظر عما يظهر في ملفك الهولوجيني. كل خط هو جانب من جوانب الاستقرار الأساسي لذا فهي تنطبق علينا جميعًا. توضح الخطوط ببساطة أيًا من الموضوعات الستة التي يتم تسليط الضوء عليه أكثر في حياتنا. هنا يتطرق الخط الرابع   إلى التنفس وقدرته على تحقيق الانسجام مع إيقاع حياة أعمق.

الهواء الذي ينتقل إلى جسمك هو نفس الهواء الذي ينتقل إلى جميع الأجسام الحية الأخرى، لذلك في المستوى البدائي، أنفاسنا هي ما يربطنا ببعضنا البعض. يحتوي الخط الرابع على هبة للتواصل مع الآخرين - مع الأشخاص أو المخلوقات. إذا كان لديك الخط الرابع من الغرض، فسيؤدي ذلك إلى نقلك بشكل طبيعي إلى التواصل مع الآخرين. يأتي استقرارك الأساسي من التواصل من خلال الصداقة والخدمة. من المرجح أن تكون الأوقات التي تشعر فيها وكأنك في بيتك في جسدك وعلى الأرض عندما تكون محاطًا بمن تحبهم. يعطيك الخط الرابع من الغرض دافعًا عميقًا لتحقيق الانسجام بين الآخرين، والجمع بين الآخرين في نفس نمط التنفس. عندما تجمع الأشخاص معًا، بعد فترة من الوقت، ستطور المجموعة نمط التنفس الفريد الخاص بها، ويمكن أن تكون هذه تجربة غير عادية. إنها الإمكانات العظيمة للخط الرابع في الجمع بين الإنسانية لتحقيق وحدتنا.

الخط الخامس - الصوت (التردد)

مع الخط الخامس ننتقل من الجهاز التنفسي إلى الجهاز العصبي، ومن التنفس إلى الصوت. يستخدم الخط الخامس إيقاع التنفس ويضيف اهتزازًا ونغمة إليه. هذا كله يتعلق بصوت الإنسان. عندما تفكر في الخط الخامس من الغرض، فإنك ترى هبة يجب التحدث بها ومشاركتها. يتعلق الخط الرابع بالاتصال من القلب إلى القلب، والذي يمكن نقله لفظياً أو غير لفظي. يتعلق الخط الخامس بالتأثير، وهذا يعني أن جوهر الغرض يجب أن يهتز كتردد. إذا كان لديك خط خامس من الغرض، فإن استقرارك

الأساسي متصل بالطريقة التي تتواصل بها مع الآخرين. إذا كنت تمر بيوم سيئ ستجد أن كل ما تقوله يزيد الأمور سوءًا، لأنه من خلال تواترك إما أن تكتسب أو تفقد استقرارك الأساسي. يمكنك دائمًا استعادة الاستقرار الأساسي من خلال استخدام النغمة، على سبيل المثال من خلال الترانيم أو الغناء. يمكن أن يعيدك هذا على الفور إلى التوافق مع غرضك كحقل حيوي حي. الجانب الآخر من غرضك هو استخدام صوتك بطريقة ما لتحقيق التنظيم أو التحسين في مجال معين من الحياة. هذا هو الغرض الذي يتحقق من خلال شكل من أشكال القيادة.

السطر السادس - النية (الخلايا)

عندما نصل إلى الخط السادس، يمكن فهم الغرض على أنه وعي خلوي يتدفق في جميع أنحاء الجسم المادي. ينهي الخط السادس دائمًا قصة الخطوط. خلايانا هي المكان الذي يتم فيه تثبيت ترددداتنا، سواء كان ذلك تردد ظل أو أعلى انبعاث لا سيدهي. إذا كان لديك خط سادس من الغرض، فإن انجازك يأتي من خلال إدراك أن هالتك هي الشيء الذي يتحدث حقًا. على الرغم من أن الخط الخامس يجلب الغرض إلى العالم من خلال اللغة والنبرة، فإن الخط السادس يقدمها من خلال الإحساس بالتواجد. بغض النظر عن الطريقة التي تعبر بها عن الغرض، فإنك تنقله من خلال نية تواتر الهالة الخاصة بك. كل خط من الخطوط الستة لا غرض له علاقة بمظهر مختلف للوعي في الجسد المادي. يجلب الخط السادس الإدراك إلى عمق خلايا كل ركن من أركان الجسم المادي حيث يتم تجربته كحقل نشط يحيط بالجسم. هذه هي الهالة. كإحساس بال

غرض، يمتد هذا الوعي بعيدًا عن الشعور بالانفصال الذي يأتي من الجسد الخالص إلى المستقبل المحتمل لنوع جديد من الوعي البشري. هذا الإدراك الجديد هو النية التطورية لتجربة وحدة كل الحياة.

تسلسل التنشيط والغرض من الحياة

أثناء تعمقك في رحلة تسلسل التنشيط الخاص بك، قد تبدأ في إدراك شيء مميز إلى حد ما حول الغرض الحقيقي من حياتك، والغرض من كل الحياة. عندما تواجه اختراقًا حقيقيًا من خلال تأملك، وبدلاً من أن يجعلك تشعر بأنك "أعلى" بطريقة ما، فإن ذلك يهبط بك إلى الأرض. ستجد نفسك أكثر استقرارًا في القشرة الناعمة لجسمك المادي. الهدف من تسلسل التنشيط هو إطلاق ذاك النفس الأعمق من بطنك ومساعدتك على تذكر أن الهدف الذي نسعى إليه حقًا هو أن نجد في أجسامنا حالة بسيطة من الوعي والحضور المريحين.

تتحدث مفاتيح الجينات عن غرض أسمى مثل إدراك طبيعة الوعي الفريدة والكيمياء الخاصة بنا وجسمنا. الوعي هو نفسه ولكن التجربة تختلف من شخص لآخر كعدسات ينظر الوعي من خلالها. هناك صفة خفية جميلة تمتاز بها تجعلك مختلفاً عن الآخرين، وعندما تتيقن بذلك فإنك تعود بالذاكرة تلك الصفة الموجودة فيك أصلاً. تبدأ في الشعور بما تعنيه كلمة الغرض حقًا.

هناك مسار في ملفك الهولوجيني ينتقل مباشرة من غرضك إلى عمل حياتك، وعلى الرغم من أن هذا ليس أحد الخيوط التي تشكل رحلة

9-فلك الغرض الخاص بك

المسار الذهبي، إلا أنه مسار تكاملي يتشكل وأنت تخطو على المسار نفسه. هذا

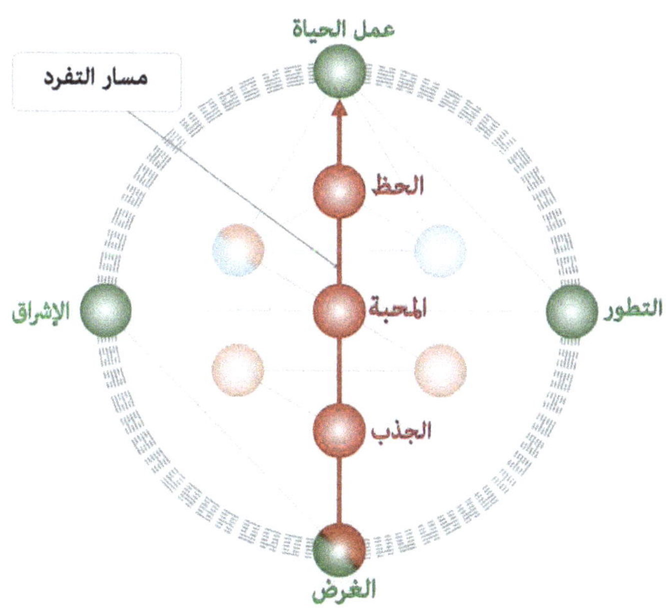

هو مسار التفرد. أثناء استيعابك لتعاليم تسلسل التنشيط، قد تبدأ في تذوّق لطبيعة هذا المسار وهو يتفتح داخل الحمض النووي الخاص بك. سيستمر الانفتاح بينما تتبع المسار الذهبي تصاعدياً إلى تسلسل الزهرة واللؤلؤة، وكلاهما يتقاطعان مع هذا العمود المركزي. بحلول الوقت الذي يسافر فيه تأملك على طول المسار الذهبي بالكامل، سيتسع مسار

105

التفرد هذا بشكل كبير في وعيك. الغرض الكامل من هذه التعاليم هو أن تدخلك في مرحلة التفرد، ذلك المكان الجميل والبسيط للتوازن الداخلي والهدوء العميق.

كلمة أخيرة

إرشاد الآخرين على طول المسار الذهبي

يعتبر المسار الذهبي وسيلة للاستنارة الذاتية، تكمن قوته الحقيقية في تحفيزك من الداخل من خلال التأمل المستمر. بعد قولي هذا، فإن المسار الذهبي يفسح المجال أيضًا لجميع أنواع الأساليب. قد تشعر بالفعل بالحاجة إلى توجيه الآخرين من خلال تسلسل التنشيط الخاص بهم، أو في الواقع أي من التسلسلات التي تشكل المسار الذهبي. إنه لأمر نبيل دائمًا أن ترغب في مساعدة الآخرين بهذه الطريقة. أمنيتي الوحيدة بصفتي أول رائد في هذه الحكمة هي أن تسافر أولاً وقبل كل شيء في المسار الذهبي بأكمله بنفسك قبل أن تحاول إرشاد الآخرين.

السر الحقيقي لهذه التعاليم هو الصبر والوقت. إن عامين من التفكير في المسار الذهبي هي الحد الأدنى من المتطلبات لأي شخص يرغب في أن يكون مرشدًا للآخرين. كلما سمحت للحكمة باختراق خلاياك وعلاقاتك ونسيج حياتك اليومية، كلما غنيت أكثر بحقيقتها. لذا يرجى التحلي بالصبر وأخذ وقتك. ادرس الموارد الإضافية الغنية التي تأتي مع الإصدار عبر الإنترنت من البرنامج - العديد من الصوتيات ومقاطع الفيديو والندوات عبر الإنترنت. هناك رؤى واختراقات في جميع أنحاء هذا البرنامج ستعزز بشكل كبير قدرتك على فهم وتوجيه الآخرين. تعد مفاتيح الجينات أولاً وقبل كل شيء تعليمًا عن التجسيد، لذا يرجى التفكير في هذا إذا شعرت بالحاجة إلى أن تكون يومًا ما سفيرًا لـ مفاتيح الجينات.

المسار الذهبي هو أيضًا معرفة مجتمعية يمكن أن تكون في أقوى حالاتها عندما يتم التفكير فيها في مجموعة. إن التنقل عبر كل فلك ومسار في حياتك الخاصة وفي نفس الوقت القيام بذلك داخل مجموعة، يعد تجربة قوية للغاية. عندما تصل لتتأمل في تعاليم الجزء الثالث من المسار الذهبي - اللؤلؤة - ستتعرف على قوة اليقظة الجماعية. سيعزز دعم المجموعة عملية الاستنارة الخاصة بك ويسرع من النقلات في الوعي. كيفما قررت السير في مسارك الذهبي، فإني أتمنى لك التوفيق في رحلتك المستمرة.

مفاتيح الجينات
المسار الذهبي
المحبة
دليل لتسلسل الزهرة الخاص بك
دعوة شخصية من ريتشارد رود

الآن وقد بدأ تفكيرك بالتفتح لفهم الملف الهولوجيني الخاص بك، فأنت مدعو للغوص بشكل أعمق بكثير، من خلال القيام بالجزء الثاني من هذا البرنامج، تسلسل الزهرة. تسلسل الزهرة يتطلب تأمل أطول وأكثر شمولاً وهدفه الأساسي هو تليين المنطقة المحيطة بقلبك، وفتحك على إمكانيات جديدة لم تحلم بها في حياتك الشخصية والعملية.

يعد تسلسل الزهرة أحد أكثر جوانب العمل مع مفاتيح الجينات تحديًا ورفعة. يتطلب الأمر شجاعة وصبرًا لإعادة بث الحياة إلى قلوبنا، لكن المكافآت حقًا غير عادية، كما شهد أولئك الذين سبقونا. لذلك أود أن أشجعك على التميز من بين الحشود والقيام بالقفزة الجريئة في هذا العمل العميق من القلب. أعدك شخصيا بأنك ستصادف أحد أقوى الاكتشافات على الإطلاق، وسيكون لها آثار بعيدة المدى في جميع علاقاتك.

أتمنى لك الحب والبركات في رحلتك المستمرة ...

ريتشارد رود

110